D1513208

QUELQUES MINUTES DE VÉRITÉ

DU MÊME AUTEUR

Essais

CÉCILIA, Flammarion, 2008
VILLEPIN, LA VERTICALE DU FOU, Flammarion, 2010
JUPPÉ, L'ORGUEIL ET LA VENGEANCE, Flammarion, 2011
ENTRE DEUX FEUX, avec Anne Rosencher, Grasset, 2012

Roman

INAPTE À DORMIR SEULE, Grasset, 2010

ANNA CABANA

QUELQUES MINUTES DE VÉRITÉ

BERNARD GRASSET
PARIS

Photo de la bande : © Nicolas Gérardin.

ISBN 978-2-246-85158-5

© *Éditions Grasset & Fasquelle, 2016.*

à Mia

Alain Juppé :

« *Je ne m'aime pas à poil* »

Avant même de le rencontrer, j'aimais Alain Juppé. J'avais 16 ans en décembre 1995. Mes parents faisaient la grève, comme (presque) tout le monde ; je contemplais ce Premier ministre aux yeux crispés qui habillait de rigidité sa douleur de n'être pas compris. Et qui sombra pourtant. Mais sans avoir mis le genou à terre. Je l'en admirais. Je lui trouvais du panache malgré lui. Et c'était encore mieux, pensais-je.

Aux yeux de la métèque que je suis, il était la France. La province. La terre. La modestie sociale – ses parents n'avaient ni argent ni grandes manières. Il était la France que je fantasme. Cette France dont les pères, comme le sien, sont les supporters du club de rugby local ; cette France dont les mères, comme la sienne, distribuent des coups de parapluie quand on n'a pas la meilleure note ; cette France qui s'aimait à travers les premiers de ses classes ; cette France de la mérito-cratie où vous pouviez, comme lui, toucher les sommets en vous arrimant à l'école de la République ; cette France droite dans ses valeurs, ses principes et ses bottes, jusqu'à la déchirure ; cette France des versions grecques et latines ; cette France qui lisait des romans et déclamait de la poésie ; cette France qui apprenait à ses enfants à se vouer à l'Etat comme on entre en religion ; cette France où l'on était prêt, jusque devant les tribunaux, à porter le chapeau pour tout le monde, par sens du devoir, et par orgueil. Devoir, orgueil. Deux notions surannées. Et exquises.

Sur la scène politique, Juppé est un archaïsme. Pas seulement parce que c'est en smoking vintage à la coupe large et croi-sée (le nec plus ultra... il y a vingt ans !) qu'il est venu chercher le prix de l'homme politique de l'année 2014 décerné par le mensuel branché *GQ*. Non, c'est bien pire que cela : Juppé est le dernier des Mohicans.

Les autres sont des enfants de la télévision et de la communication plus ou moins talentueux, de Nicolas Sarkozy à François Hollande en passant par Xavier Bertrand et Manuel Valls.

Quand je suis devenue journaliste, en 2001, le premier livre que j'ai voulu écrire fut sur lui. Il n'était pas encore condamné dans l'affaire des emplois fictifs, mais déjà mis en examen. Empêché. Ses rêves étaient hypothéqués et il en nourrissait une amertume qu'il ne parvenait pas à cacher – de toute façon Juppé n'a jamais rien su cacher, c'est son seul point commun avec Nicolas Sarkozy : la transparence des émotions.

Il fut presque aussi difficile à convaincre que les éditeurs. Pour la même raison : ils pensaient qu'il était fini, lui aussi. Je m'obstinai. Pas parce que je croyais qu'il avait encore un avenir, non, ça c'est ce que je lui avais écrit pour le convaincre de me recevoir. Je pensais qu'il avait besoin de lire cela, mais ce n'est pas ce qui me poussait vers lui. Ce qui me plaisait en lui, c'est le héros tragique.

Il ne l'a compris que dix ans plus tard, fin septembre 2011, lorsqu'il a lu mon livre[1], celui que j'ai mis le plus longtemps à écrire, parce que j'avais trop d'affection pour mon personnage, et qu'il me décevait. Je l'aurais voulu plus courageux, ayant moins peur du sang et de Nicolas Sarkozy. Il m'en avait fait la confidence, un jour que nous étions assis dans le salon tristounet de son appartement parisien du square de la Tour-Maubourg – vendu depuis –, lors de l'une des indénombrables séances d'entretiens que nous eûmes entre 2004 et 2011 : « Nicolas me fait peur... Et puis je ne suis pas prêt à tout. Je n'ai peut-être pas eu assez envie... Je n'ai pas comme d'autres la certitude d'avoir un destin... »

J'ai attendu d'avoir le sentiment qu'il ne pensait plus tout à fait cela pour finir d'écrire le livre. C'était à l'automne 2011, il était revenu aux affaires (étrangères, pour être précise), il avait accepté d'être ministre de Sarkozy, et il ne le regrettait pas : il était beaucoup plus populaire que le président de la République.

---

1. *Juppé, l'orgueil et la vengeance*, Flammarion, 2011.

Je suis allée jusqu'à New York, en marge d'une assemblée générale des Nations unies, pour lui remettre les épreuves en main propre. Faute de quoi l'ouvrage aurait été en librairie avant qu'il ne soit de retour à Paris, ce qui m'eût paru indélicat.

Nous avons dîné au 35e étage d'une tour dominant Manhattan, jusqu'au dessert nous avons parlé de tout sauf de ce pour quoi j'étais là, j'avais posé les épreuves sur la banquette à côté de moi. Après la dernière cuillère de gâteau au chocolat japonais, je me lançai :

« Je vous lis le prologue ?

— Si vous voulez, mais on n'est pas pressé, c'est peut-être la dernière fois que l'on se voit, vous le savez aussi bien que moi... Peut-être qu'après vous avoir lue, je ne voudrai plus jamais vous parler...

— C'est bien ma crainte. Je vous lis le prologue. »

Je lus les dix premières pages, une affaire de petit avion, de masques à oxygène, de sang-froid et d'orgasme, il rit. « Vous exagérez ! Mais c'est vrai que c'est drôle. »

Je n'en demandais pas davantage. Forte de ce presque succès, je m'enhardis :

« Je vous lis l'épilogue ! »

Cette fois-ci, nous étions en Haïti, Juppé venait d'apprendre l'arrestation de Dominique Strauss-Kahn, et il était enchanté, il tapait dans ses mains avec des enfants, les yeux sautillants, non parce qu'il voulait du mal à l'encore patron du FMI, mais parce que ça signifiait, à l'en croire, que l'impensable n'est pas impossible et son humeur en devenait blagueuse : « C'est la preuve que tout peut arriver, en politique. Tout, tout, tout ! Rien n'est figé, rien n'est campé. La roue tourne, tourne, tourne... Ça va se terminer mano a mano Aubry-Juppé. Car si DSK est empêché, Sarkozy peut l'être aussi... »

A cette lecture aussi, il a ri. « Vous allez me fâcher avec tout le monde ! » Mais il a dit ça sans même se racler la gorge – ce qui chez lui précède les jugements désagréables. Il n'avait pas le menton sur le reculoir – un autre signe de son mécontentement. Il semblait mi-amusé mi-circonspect. C'est une des qualités de l'ancien Premier ministre : il ne triche ni ne donne le change. C'est le pire de ses défauts, aussi : il ne sait pas se mettre à la place de l'autre ; la psychologie de ses interlocuteurs lui est une langue étrangère et, quoi qu'il en dise aujourd'hui, il n'a aucune réelle intention de l'apprendre.

Juppé n'est jamais aussi abrupt que lorsqu'il doute – de lui, d'une situation, d'une réponse. Or, qu'est-ce qu'il doute !

Là, clairement, il n'était pas absolument sûr de ce qu'il devait penser de ce que je venais de lui lire, mais à première vue – ou plutôt écoute –, la tonalité ne lui déplaisait pas. C'était gagné, pensai-je. Il allait bien sûr ronchonner un tantinet sur tel ou tel passage, il allait se récrier pour la forme, mais il ne se blesserait pas, il ne se sentirait pas trahi.

Il m'avait promis qu'il me téléphonerait après avoir tout lu. Il tint parole, deux jours plus tard. J'étais rentrée à Paris, lui était à Montréal. Je ne fus pas déçue : « Vous n'aimez que les personnages de roman, vous m'avez transformé en personnage de roman. Vous m'avez foutu à poil, je ne m'aime pas à poil, je déteste votre livre. » Et il raccrocha.

Isabelle Balkany :

« Sèche ces larmes, gamine ! »

Il est des actes gratuits que l'on n'oublie jamais, surtout si le monde entier vous a mise en garde contre leur auteur. Un soir glacé du début de décembre 2001, dans l'immense hall de la mairie de Levallois, Isabelle Balkany a eu pitié d'une apprentie journaliste de 22 ans que son premier magistrat d'époux venait de chasser comme une malpropre. J'étais étudiante à Sciences Po, en dernière année, j'avais fait quelques piges pour le service Villes de *L'Express*, et après Dunkerque et Niort, on m'avait envoyée à Levallois-Perret. A chaque fois, il s'agissait de confronter les différents acteurs locaux à une batterie de statistiques (qui croisaient des indicateurs on-ne-peut-plus-sérieux tels que : places en crèche, espaces verts, logements sociaux, et tant d'autres) grâce auxquelles *L'Express* établissait un classement de leur commune, à l'échelle du département, voire de la région. Levallois était en mauvaise position par rapport à ses consœurs des Hauts-de-Seine. Et cela avait mis Patrick Balkany hors de lui. Au bout de dix minutes, n'y tenant plus, il avait bondi de derrière son bureau en bois précieux, m'avait arraché des mains les tableaux de chiffres et m'avait sommée de déguerpir. « Votre classement est biaisé ! De toute façon, quoi que je dise, vous allez écrire des saloperies... Je n'ai rien à gagner à participer à cette mascarade ! Fichez-moi le camp ! »

C'est sur ces entrefaites que j'avais atterri dans le hall. Je tentais de rassembler affaires et esprits en refoulant mes larmes – je n'avais pas la matière pour nourrir le papier demandé, j'avais braqué le maire, je n'avais aucune excuse, le journaliste qui m'avait confié l'enquête m'avait pré-venue, je savais que Patrick Balkany était caractériel, j'aurais dû anticiper, parer les coups, être plus diplomate, à présent c'était foutu, il allait m'interdire l'accès à ses adjoints et ses services, je ne pourrais pas recueillir les commentaires dont j'avais besoin, *L'Express* ne me le pardonnerait pas, c'était à peine la troisième fois qu'ils faisaient appel à moi, j'étais une pigiste à l'essai, ils allaient se rendre compte que je ne faisais pas l'affaire, ils ne me commanderaient plus rien, j'avais tout fait capoter, j'allais devoir retourner faire Pocahontas dans la parade de Disneyland Paris pour payer mes études... « Quel âge tu as ? » Perdue dans mes angoisses, je n'avais pas vu cette dame s'approcher. Enfin, dame... C'est d'abord une voix qui a surgi, une voix rauque de fumeuse des bas-fonds, d'ailleurs la « rauqueuse » avait une clope au bec. Des habits et des manières de mec. Et me dévisageait. « Qu'est-ce qui t'arrive, petite ? On dirait que tu vas exploser en sanglots. Mais enfin, réponds ! » Pour un peu, elle aussi allait s'énerver. Sa compassion devenait rudoyante. Elle répéta : « Réponds ! » Je marmonnai : « J'étais venue pour interviewer le maire, ça s'est très mal passé... » Elle : « Ah, c'est toi la môme que Patrick

a dégagée à coups de pied au cul ? Mais
aussi, pourquoi lui as-tu dit que Levallois
était mal classée ? J'ai passé une tête dans
son bureau, il ne décolère pas. Tu me
l'as vraiment énervé ! Bon, tu ne m'as pas
répondu : quel âge as-tu ? Tu as l'air encore
plus jeune que ma fille ! Ils embauchent des
mineurs dans les journaux, maintenant ? »
Soudain, mes yeux se trempèrent. « Je ne
suis pas embauchée... Je suis pigiste...
Je n'ai pas de quoi faire mon article...
Je n'ai pas su m'y prendre avec monsieur
Balkany... — Sèche ces larmes, gamine !
Tu es dans la cour des grands, à présent.
Il ne faut pas être aussi émotive ! Sinon
les petits cochons vont te dévorer... Viens,
allons dans mon bureau, c'est de l'autre
côté du hall, tu vas me dire ce dont tu
as besoin, j'appellerai les adjoints, on va
te trouver du matos, tant pis si c'est pour
faire un papier pourri, je ne peux pas te
laisser dans cet état, c'est dingue comme tu
ressembles à ma fille... » En plus de cette
avalanche de mots crus, elle me cracha au
visage sa fumée de Philip Morris – elle avait
le paquet dans la main. Je toussai. « Fais
pas ta mijorée ! » me sermonna-t-elle en

plissant les yeux, fronçant le nez et réajus-
tant ses petites lunettes – trois mouvements
simultanés qui lui sont une sorte de tic,
mais je ne le savais pas encore...

Elle m'attrapa le bras. « Allez, suis-moi ! »
J'obtempérai, bien sûr – comment résister à cet ouragan chaleureux ? Trottinant
derrière elle, je bredouillai : « Merci de
m'aider, madame. Merci, vraiment. Mais
qui êtes-vous ? »

Elle s'arrêta. S'offrit à mon regard. Rit.
« Ah, tu n'as pas bien fait tes devoirs, ché-
rie. Je suis la première adjointe de Patrick.
Oui, Patrick ! N'ouvre pas ces yeux ronds !
Le maire ! Celui qui t'a traumatisée ! Je suis
sa femme. Ne me dis pas que personne ne
t'avait parlé d'Isabelle Balkany ! Le dragon
du maire ! Ou plutôt la dragonne ! Eh bien
c'est moi ! Et toi, tu t'appelles comment ? »

Cécilia Sarkozy :

« Pas un mot sur Jacques Martin ! »

« Ministère de l'Intérieur bonjour.

— Bonjour, je souhaiterais avoir le service de presse.

— Ne quittez pas.

— Service de presse...

— Bonjour, je travaille à *Libération*, je prépare un portrait de Cécilia Sarkozy. J'aimerais la rencontrer.

— Un portrait de Madame Sarkozy ? Cela me paraît difficile. Donnez-moi votre numéro. Franck Louvrier va vous rappeler. »

Dix minutes après, Franck Louvrier, le gentil organisateur de la communication de Nicolas Sarkozy, celui qui connaissait tous les journalistes par leurs défauts et leurs péchés mignon, me rappelait en effet. « On ne se connaît pas. Vous n'êtes pas à *Libération* depuis longtemps, n'est-ce pas ? Votre demande me surprend. Cécilia Sarkozy n'a jamais souhaité et ne souhaite pas faire l'objet d'un portrait. Tous les journalistes qui suivent Nicolas Sarkozy le savent. Jean-Michel Thénard, le chef du service politique, qui la connaît bien, le sait. Je suis désolé.

— Dans ce cas, je le ferai sans elle.

— Pardon ?

— Ce portrait, je le ferai avec ou sans elle. Il vaut mieux qu'elle y participe, vous ne croyez pas ? Vous ne voulez pas lui en toucher un mot ?

— Ecoutez, je vais lui en parler, mais je connais déjà sa réponse. Je vous rappelle demain. »

Le lendemain, appel de... Cécilia Sarkozy ! « Je n'aime pas qu'on parle de moi, je ne veux pas d'un portrait, je connais tous les journalistes politiques et je n'ai jamais autorisé aucun d'eux à écrire sur moi. Je travaille dans l'ombre de Nicolas depuis quinze ans, et c'est bien ainsi. Vous comprenez ? »

Ce que je comprenais, c'est que j'avais mon sujet au bout du fil, rien que pour moi. Et puis je m'étais tellement avancée que je ne pouvais plus reculer. J'étais prise à mon propre piège. Je répétai donc comme un perroquet de plus en plus effrayé par sa propre audace : « Pardon d'insister, mais je dois faire cet article avec ou sans vous. »

C'est alors qu'elle s'esclaffa : « Vous ne manquez pas de culot, vous ! J'aime assez. Venez à Beauvau demain à 15 heures, nous en discuterons. »

Je n'avais jamais mis les pieds dans un ministère. A 14 h 45, j'étais déjà devant les grilles de ce que Cécilia Sarkozy avait appelé « Beauvau ». A 14 h 50, un huissier à chaîne d'argent me conduisit dans l'antichambre. « Madame viendra vous chercher. » Je posai un bout de fesse sur une banquette trop dorée pour me rassurer. A 15 heures tapantes – l'horloge venait de ronronner – débarquèrent, main dans la main, Cécilia et Nicolas Sarkozy qui se plantèrent devant moi sans se lâcher la main.

Elle avait l'autre sur la hanche. C'est lui qui parla le premier : « Cécilia accepte de vous recevoir à une condition : que vous ne mentionniez pas Jacques Martin dans votre article. » Jacques Martin, le célèbre animateur de télévision et le premier époux de « Cécilia ». Celui à qui Nicolas Sarkozy l'avait mariée. Comment allais-je pouvoir écrire sur cette femme sans évoquer, même succinctement, ce premier couple ? Ce n'est pas comme si cela avait été une petite idylle secrète, Jacques Martin était une star, Cécilia et lui avaient joué les couples très jet-set, avaient posé énamourés pour des magazines, avant de se mettre en scène avec leurs deux filles ! Je n'osai soumettre ces objections à Nicolas Sarkozy. C'est bien simple : je n'osai rien dire. Je n'avais même pas eu la présence d'esprit de me lever afin d'être à leur hauteur pendant cette séance d'intimidation – parce que c'en était une, et réussie. Ils étaient toujours tous les deux devant moi, m'écrasant de leur complicité et de leur assurance. J'étais recroquevillée à un bout de la banquette. « Alors, c'est entendu, pas un mot sur Jacques Martin ! » Est-ce lui qui avait posé cette question ? Ou bien elle ? Dans mon carnet j'ai écrit : « les Sarkozy ». Je crois que c'était elle. « Alors, c'est entendu, pas un mot sur Jacques Martin ! » J'opinai. Ô bêtise. Ô faute.

Sitôt obtenu cet engagement et non sans avoir déposé un baiser sur les lèvres de sa chère « Cécilia », Nicolas Sarkozy tourna les talons. « Vous venez ? » me demanda-t-elle en faisant sonner ses santiags contre le sol marbré. Elle me précéda jusqu'à son bureau, qui jouxtait celui de son mari.

Un trentenaire à l'air rondement sympathique nous rejoignit. « Je suis Franck Louvrier. Vous êtes au service politique de *Libération* depuis quand ?

— Je suis stagiaire. Depuis quinze jours. »

Lui : « Ah… » Pause.

Elle : « Merci Franck, je viens te voir après. »

Il me salua rapidement et partit.

La porte n'était pas encore fermée derrière lui que déjà je me confessais : « Il faut que je vous dise la vérité. Je vous ai menti. A tous. Je suis stagiaire au service politique, je n'ai pas écrit une ligne depuis que je

suis arrivée, chaque journaliste du service
a sa chasse gardée, alors j'ai cherché un
sujet qui n'aurait pas déjà son "spécialiste",
et comme ce que je rêve de faire dans la
vie, c'est des portraits, j'ai proposé au chef
du service, Jean-Michel Thénard, de faire
le vôtre. Il m'a donné son accord, mais à
la condition expresse que j'obtienne votre
aval et que vous acceptiez de me rencontrer.

— Vous voulez dire que ce n'était pas
"avec ou sans moi" ?

— Non. C'était avec vous ou rien. C'est
pour ça que j'ai bluffé. Je voulais absolument vous voir. Ensuite je me suis enferrée
dans mon mensonge. Je ne savais pas comment en sortir. Je vous demande pardon.
Je comprendrais très bien que vous me
demandiez de partir.

— Pourquoi vous me dites ça maintenant, alors que vous êtes sur le point
d'obtenir ce que vous voulez ?

— Je ne sais pas mentir...

— Oh si, vous savez ! »

Elle secoua ses cheveux. Passa la main
dedans. Pas pour les mettre derrière ses
oreilles en les enlevant l'instant d'après
comme les coquettes ; non, Cécilia ne

minaude pas. Elle ne peut pas se le permettre. Trop belle pour avoir ce droit.
C'est ce que je me suis dit en l'observant.
Quatorze ans après, je n'ai aucun souvenir d'avoir pensé ça, mais je l'ai noté – « a
compris qu'elle est trop belle pour s'autoriser les minauderies » – au feutre vert
– quelle idée saugrenue ! – en travers d'une
page au papier trop fin d'un carnet Steno
à spirale – je n'avais alors ni salaire ni
Moleskine – sur la couverture duquel j'avais
écrit et surligné – en bleu, cette fois, ouf :
« Sarko peut-il exister politiquement sans
Cécilia ? » Tel était l'angle de l'article que
j'ambitionnais d'écrire, avant d'avoir eu la
faiblesse d'avouer mon mensonge à mon
personnage principal. Qui (se) riait de
mon désarroi, à présent. Et sa main repassa
sur le dessus du crâne pour ramener inutilement ses cheveux vers l'arrière. C'était
mécanique, chez elle. Je regardais cette si
belle femme chercher à le faire oublier par
des gestes un peu brusques, presque virils.
Il en allait de ses mouvements comme de
ses santiags : ça claquait martialement mais
ça ne mettait pas en valeur son 1m78, dont
plus de la moitié de jambes mincissimes.

Elle me regardait aussi. Elle me racontera des années après que j'étais habillée en rose fuchsia (!) de haut en bas, sandales comprises... Surtout, me dira-t-elle, j'avais l'air d'une enfant. Je ne l'étais pourtant plus, enfin pas selon l'état civil : j'avais presque 23 ans.

C'est d'ailleurs la question qu'elle me posa quand elle se décida à rompre le silence et la séance de scrutation : « Quel âge avez-vous ? » J'avais déjà entendu ça quelque part... « Vous devez être à peine plus âgée que Judith, ma fille aînée... Vous avez fait quoi, comme études ? »

Toupet ? Infantilité ? Je lui retournai la question, et appris de cette femme de presque 45 ans qu'elle avait eu un bac avec mention Bien et avait « loupé la mention Très bien à cause de la carte de géographie et du sport ».

Deux heures plus tard, je trottinais de bonheur dans les souterrains du métro. L'épouse du ministre de l'Intérieur avait poussé la mansuétude jusqu'à m'autoriser à enregistrer l'entretien ! J'avais posé mon gros boîtier enregistreur – à cassette... – sur

la table basse qui était entre nous. Assise
sur la banquette du métro, je sortis mon
casque de walkman, le branchai sur l'enregistreur pour être bien sûre que je n'avais
pas rêvé, que c'était bien Cécilia Sarkozy
que j'avais enfermée dans la boîte, et là,
drame : des grognements infâmes et parfaitement inintelligibles... J'appuyai sur tous
les boutons, avance rapide, retour rapide, je
parcourus la bande, et ce fut partout pareil,
mon cœur battait tellement fort, tellement
vite, que je n'entendais plus que lui dans
mes oreilles, ce fut le bourdonnement de
trop, je me mis à jurer à haute voix dans
le wagon, soudain je me dis, contre toute
évidence technique, que le fait d'être sous
terre n'arrangeait peut-être pas les choses.
A la station suivante je me précipitai sur le
quai, grimpai en courant jusqu'à la lumière
du jour, m'assis sur le trottoir, actionnai
le bouton « lecture » : l'horreur demeu-
rait. J'étais tellement choquée que je ne
parvenais plus à déglutir. J'avais obtenu la
première interview de Cécilia et je n'avais
pas été foutue de l'enregistrer ! Ce n'était
pas faute d'avoir l'expérience du manie-
ment de ce maudit boîtier, et pas qu'un

peu, durant les dizaines d'heures d'entretiens que j'avais réalisés pour écrire mon mémoire de fin d'études. Comment avais-je pu être assez bête pour ne pas l'orienter convenablement ? Car je n'avais pas oublié d'enclencher le bouton, en témoignaient les deux heures de bruitages indistincts que je m'obligeai à écouter de bout en bout, sur ce morceau de trottoir...

Ma rage était d'autant plus grande que mon carnet était presque vide. Quelques remarques notées çà et là. Mais aucun mot d'elle ; je comptais sur la cassette ! On ne m'y reprendrait plus. Désormais, je ne ferais confiance qu'à mes cahiers. Bien sûr, il m'est arrivé et il m'arrive encore d'enregistrer. Mais toujours je note. Mes carnets ne m'ont jamais trahie, eux.

Décembre 2004

« *Bonjour,*
c'est Patrick Modiano... »

Lorsque la revue *Histoire* me commande un portrait de Patrick Modiano à l'occasion de la sortie d'*Un pedigree*, je fais des petits bonds, de joie et d'excitation : je vais enfin rencontrer en chair et en os celui qui, depuis petite, m'a emmenée, en mots (entêtés, spiralaires) et en silences (suspendus, lancinants, bizaaaaarres, comme il dit toujours) de la *Villa Triste* à la *Rue des Boutiques Obscures* en passant par les *Boulevards de ceinture*.

Le lendemain matin, après avoir dévoré son *Pedigree*, j'appelle Gallimard pour solliciter un entretien avec l'écrivain qui a écrit ce texte afin – veut-il croire mais le peut-il seulement ? – d'« en finir avec une vie qui n'était pas la (s)ienne » : celle du fils de papa Albert et maman Louisa, que sa plume traque sans pitié et sans jamais réussir à les trouver tout à fait. L'attachée de presse est sans pitié, elle aussi : « Patrick Modiano ne fera pas la promotion d'*Un pedigree*, il considère que tout est dans le livre. C'est son ouvrage le plus autobiographique, déjà qu'il n'aime pas se prêter à l'exercice du commentaire, cette fois il a décidé de s'affranchir de cette obligation qui lui coûte tant. Il ne verra aucun journaliste ! » Clac.

C'était trop beau. J'écrirais sur lui sans lui. Ce que je fis. Quelques jours avant de « rendre ma copie », je la glissais, accompagnée d'un petit mot, dans la boîte aux lettres de son domicile, dont je m'étais procuré l'adresse en soudoyant gentiment un ami de sa fille Marie – Patrick Modiano n'a pas d'amis, il ne saurait que leur dire, à part que « c'est bizaaaaarre »...

« Bonjour, c'est Patrick Modiano... » Un copain avait-il le mauvais goût de me faire une blague ? « Excusez-moi... Je ne veux pas vous déranger... J'ai lu votre article...

Merci... Ce n'est pas faux... Mais... Il faudrait en parler... Je voudrais vous expliquer... C'est bizarre... » Non, ce n'était pas une plaisanterie ! Personne n'aurait pu imiter ce trouble, ce bégaiement indécidable, cet effroi de l'enfance qui ne passe pas, cette timidité, cette apesanteur. On voudrait l'aider, on a peur qu'il ne se perde, dans un méandre, dans un repli ; il aura réussi, en quelques secondes, à faire naître chez moi un instinct maternel dont je croyais avoir été privée. D'emblée, Modiano donne envie de le protéger – on ne sait pas encore qu'il a la force d'un roseau qui ne romprait jamais, il bouge trop, dans un sens, dans l'autre, il plie et il ploie, mais c'est pour mieux survivre, mon enfant.

Pour l'heure, le roseau-Modiano ne savait pas à quel vent se vouer : « Vous écrivez ce que bon vous semble, bien sûr... Un portrait, c'est subjectif... J'aimerais seulement corriger une ou deux choses... Enfin corriger... Préciser... J'espère que vous ne le prenez pas mal...

— Au contraire ! Je suis ravie ! C'était mon secret espoir, figurez-vous. Que vous acceptiez de me voir après m'avoir lue.

Vous préférez discuter par téléphone ?
Sinon je peux venir vous voir. Ce qui vous
arrange. Dites-moi.

— Le téléphone, non… Je n'aime pas
beaucoup ça… C'est difficile… Ça ne
vous ennuie pas de venir chez moi ?… Je
suis désolé de vous demander ça… » De
l'autre côté du combiné, je me pinçais.
Et en plus il s'excusait ! Il était comme je
l'avais imaginé… en pire. En mieux. En
plus hésitant. « C'est compliqué… », répé-
tait-il. S'ensuivirent de longues minutes
pour caler le jour et l'heure du rendez-
vous. Puis il fallut m'indiquer le code, et
l'étage, et il avait peur d'oublier quelque
chose. Ça n'a l'air de rien, mais la détresse
de Modiano se niche d'abord là, dans ces
petits riens du quotidien, dans cette logis-
tique qui le terrifie, dans ce surgissement
de l'autre qui perturbe son déséquilibre
intérieur, et tout de suite c'est trop, il ne
sait pas, il cherche de l'oxygène et des
mots, des mots et de l'oxygène, ça va de
pair chez lui mais pas dans le sens que l'on
croit : Modiano est le seul écrivain que les
mots empêchent de respirer. Mais ils sont

ses seuls amis. Impossible écartèlement.
Asphyxie inévitable.

Le jour dit, le 15 janvier 2005, je sonnais
à une belle porte en chêne. Il se plia en
deux pour m'ouvrir. Le corps se courbe
vers vous, on dirait qu'il va se tordre. Car
il est grand, très très. Surtout, il ne sait
pas quoi faire de cette hauteur, de cette
longueur. Il voudrait vous mettre à l'aise
mais il l'est si peu que c'est pire que tout.
Voilà. C'est lui. D'un bras qui ne tient
pas en place, il désigne la longue banquette rouge adossée à ce vertigineux mur
de livres que j'avais aperçu sur tant de
photos.

« Vous voulez vous asseoir ? » Lui reste
debout.

« Vous savez ce qu'il y avait au 47 rue du
Chemin Vert, avant les magasins de vête-
ments de gros tenus par les Chinois ? C'est
bien là que vous habitez ? »

Ça, c'est une entrée en matière peu
commune ! Oui, c'est bien mon adresse
– j'imagine que j'ai dû l'inscrire sur l'en-
veloppe contenant l'article. C'est la seule
explication. Sinon, comment saurait-il ?

« Vous connaissez même le XIe arrondissement... ! »

Il sourit, bafouille. Et passe aux choses sérieuses : il me décrit mon immeuble, la porte cochère vert pâle, il me demande confirmation, j'acquiesce, un peu ahurie.

Je n'ignorais pas son goût maniaque pour la topographie parisienne mais je ne m'attendais pas à ça. Seule certitude : cet homme qui n'a jamais touché un clavier d'ordinateur n'est pas allé voir les photos sur Google Earth. Alors... Alors il est fou !
Bonheur.

Il me raconte par le détail l'histoire de mon immeuble – je suis tellement abasourdie que j'en oublie de prendre des notes...

Puis il m'interroge sur les hommes et les femmes politiques. Il s'est manifestement renseigné sur moi, il sait que je suis journaliste politique. Pour éviter d'avoir à endurer mes questions, c'est lui qui en pose. Beaucoup. En bredouillant, bien sûr. Mais pas trop. Quand c'est lui qui vous met sur le gril, il y a (un peu) plus de fermeté dans sa voix.

« Raffarin, il est comment ? »

« Et Dominique de Villepin, il est vraiment fou ? »

Au bout d'une heure, nous n'avons toujours pas parlé de son livre, et pas davantage de mon article. Je me lance. Ses parents ? « C'est bizaaaaaarre... », réplique-t-il. Cet adjectif est son refuge. Il court s'y planquer dès qu'on fait mine, d'une manière ou d'une autre, de lui demander qui il est. « C'est bizaaaaaarre... », c'est une façon gentille, polie et incertaine de vous dire : « Laissez-moi tranquille ! »

Au moment où, de guerre lasse, je me décide à obéir à sa prière muette et où je me lève de la banquette pour prendre congé, il est soudain comme saisi par une réminiscence impérieuse.

« Votre article... A la fin, vous parlez de l'Académie française... Vous finissez là-dessus... Sur le quai de Conti... Parce que je fus conçu au numéro 15... Ce fut ma première adresse, c'est vrai... Mais l'Académie française, ça ne m'intéresse pas... »

Je le regarde. « Vous voulez dire que vous n'avez pas envie de devenir académicien ?

— Non, je n'irai pas à l'Académie française... Ce n'est pas un endroit pour les écrivains... Les écrivains ne vont pas là-bas... C'est pour ça que je vous ai appelée... »

Morale de cette histoire « bizaaaaaarre » : Modiano perd souvent ses moyens, parfois ses mots, mais pas le nord.

Jean-Louis Borloo :

« Pas question que vous fassiez cet article.
Je vais appeler votre patron ! »

Parfois, leur tempérament se précipite.
Comme en chimie quand, au terme d'une
réaction entre deux substances, se forme
un produit très peu soluble qui se dépose
au fond du tube à essais : le précipité. Dans
le cas de mes personnages, le dépôt est un
précipité de passions humaines. Les meil-
leures comme les pires. Ça peut donc être
explosif.

Jamais je n'oublierai la violence qui a
crépité dans les yeux de Jean-Louis Borloo
et incendié sa bouche, parce que j'avais eu
connaissance de ce qu'il avait déclaré dans
le bureau du Premier ministre (François
Fillon) au cours de la deuxième quinzaine

de juillet 2007 : « J'ai envie de faire autre chose. Il faut que je repasse à la pompe. La pompe à fric. Je vais retourner dans le privé. » Borloo n'était pas content du tout d'avoir été « sorti de Bercy » par Nicolas Sarkozy un mois plus tôt. Il vivait comme une punition le fait d'avoir été transféré de l'Economie à l'Ecologie – en remplacement d'un Alain Juppé contraint de démissionner après sa défaite aux législatives.

« Il faut que je repasse à la pompe. » Marquées par cette métaphore qui claquait comme un fouet dans le vent, deux des personnes présentes m'en avaient fait part. C'était assez pour que je l'écrive et que je raconte le petit coup de déprime politique de Borloo. Mais, avant, je voulais en discuter avec le principal intéressé ; je contactai son cabinet.

Quelques heures après, Borloo me téléphona. Il ne se présenta pas. Attaqua par ces mots : « Pas question que vous fassiez cet article. Je vais appeler votre patron !

— Maintenant que vous m'avez menacée, je suis obligée de l'écrire, cet article. »

Il me raccrocha au nez.

Quand, un peu plus tard dans la même journée, son secrétariat particulier me proposa de venir déjeuner avec lui au ministère le lendemain, un vendredi, le 24 août, je crus qu'il avait entendu raison.

A mon arrivée, je fus conduite par son conseiller en communication dans le bureau du ministre. Qui m'agressa dès qu'il me vit :

« Vous ne croyez quand même pas que nous allons déjeuner ensemble ! Je n'ai aucune intention de déjeuner avec vous ! Je me demande ce que vous faites ici !

— Vous m'y avez conviée...

— Vous n'avez qu'à raconter ces ragots ! »

Je me tenais debout devant un des fauteuils du petit salon près de sa table de travail. Sidérée. Ça ne m'était jamais arrivé, un truc pareil. Un truc, oui. Je jetai un œil à son conseiller, qui ne savait pas sur quel pied danser. Il fallait bien que je dise quelque chose. Surtout, ne pas flancher.

« De quels ragots parlez-vous ? J'ai eu connaissance, par deux personnes présentes, d'une scène où vous exposiez vos états d'âme politiques au Premier ministre... »

Il se mit à hurler des sons presque inintelligibles, à arpenter la pièce dans un sens, puis dans l'autre. Se prit la tête dans les mains. Finit par s'écrouler dans un fauteuil en grommelant qu'il était « fatigué », qu'il fallait le « comprendre », qu'il travaillait « nuit et jour » : « Alain (ndlr : Juppé) est parti comme un voleur, ce fut l'horreur, l'administration était traumatisée, tout le monde était traumatisé. » Pause. « J'ai mis quelques jours à réaliser à quel point c'était un machin extraordinaire, ce ministère. C'est le plus grand défi français. » Est-ce que je rêvais ou est-ce que la grimace que dessinaient ses lèvres ressemblait à un sourire ?

J'étais toujours debout. Pour me donner une contenance, je sortis mon carnet et je me mis à noter avec frénésie. Il n'osa rien dire. Sans doute avait-il compris qu'il avait dépassé toutes les bornes.

Il me parlait gentiment, à présent : « Je suis un Premier ministrable. Fillon a pensé que je pourrais être nommé à sa place. Je suis Premier ministrable. Dans deux mois, on le redira. Ils canardent parce qu'ils ont peur.

— Mais personne ne vous a canardé, Jean-Louis Borloo... Vous êtes parano... »

Il ne répondit pas. Pas là-dessus. Il était sur sa lancée : « Juppé, c'est un crétin qui n'est pas très courageux. Une partie de son cerveau n'est pas irriguée, l'autre est sur-irriguée. C'est une espèce de distanciation de girafe perchée sur 1m88. »

A cet instant, son conseiller, pour tenter de sauver ce qui pouvait encore l'être, espérait-il, nous proposa de monter dans la salle à manger.

« Bonne idée », dit Borloo.

J'aurais dû refuser. Accepter, c'était lui pardonner un peu. Mais je ne l'ai compris qu'en quittant le ministère, une grosse heure plus tard. Je me suis alors juré que si c'était à refaire, je n'accepterais pas de rester en seconde partie. Mais je n'ai pas eu l'occasion de me le prouver : plus jamais l'on ne m'a fait une si belle scène. Merci, monsieur Borloo.

Xavier Bertrand
à Nathalie Kosciusko-Morizet :

« Je suis un plouc, moi. »

Une pendaison de crémaillère chez l'un des principaux lieutenants de Xavier Bertrand. Le ministre du Travail est là, bien sûr. Des grappes de journalistes, de communicants et de conseillers ministériels foulent de leurs souliers du samedi soir le parquet de cet appartement de l'est parisien. On grignote, boit, parle parle parle. L'heure arrive de refaire le monde et le gouvernement, je me retrouve assise sur un lit d'enfant à discuter avec Nathalie Kosciusko-Morizet, qui peste contre l'obligation politique qui lui est faite – en tant qu'élue locale – d'écumer les marchés de Noël de sa circonscription. « J'y ai passé la journée, la barbe ! » se plaint la secrétaire d'Etat chargée de l'Ecologie. « J'ai emmené Paul-Elie (ndlr : son fils aîné) avec moi, les gens lui ont offert des sucreries, j'ai failli lui acheter un mobile en bois, c'était la seule chose achetable, le reste était affreux. » Surgit Xavier Bertrand : « Moi aussi, j'ai fait un marché de Noël cet après-midi, j'adore ça. Est-ce qu'il y avait des chenilles en bois ? — Oui », répond NKM, qui ne voit pas bien où veut en venir son collègue, mais qui estime qu'elle n'a pas de leçons, fût-ce de marché de Noël, à recevoir de lui : « Ne t'inquiète pas, Xavier, je me suis extasiée devant les chenilles en bois, j'ai même été prise en photo avec le fabricant. » Petit rire moqueur de la belle Nathalie dont quelques épingles semblent vouloir s'échapper des cheveux couleur poil de mammouth. C'est elle qui m'a dit ça un jour, je ne sais plus quand, elle m'a dit que le paléontologue Yves Coppens avait émis ce diagnostic chromatique, je n'ai jamais oublié. De toute façon, ce que je préfère chez NKM, ce sont ses cheveux. Ce sont eux qui m'ont fascinée. Elle les avait encore longs, à l'époque, souvent nattés, et toujours attachés, non pas à l'ancienne, mais à l'antique. Je l'avais vu faire tant de fois. Ça ne lui prenait pas beaucoup de temps, elle les tortillait et les entortillait, puis les épinglait, à l'aveugle, et le tour était joué, elle ne mettait ni son maniérisme ni sa sophistication dans ces gestes-là, c'était beaucoup plus simple qu'il n'y paraissait. Quand elle s'en était allée le voir pour évoquer une possible candidature aux législatives dans les Hauts-de-Seine (avant que Chirac ne la fasse suppléante de Pierre-André Wiltzer), Patrick Devedjian lui avait dit qu'il ne fallait pas songer à faire de politique si elle ne faisait pas « couper tout ça ». Elle n'en avait rien fait.

Je n'avais plus vu des cheveux comme ça depuis que j'avais passé l'âge de lire des contes pour enfants illustrés. Mon favori, c'était *La Princesse au petit pois*, cette mythologie fondatrice où la jeune femme est reconnue comme une vraie princesse parce qu'elle a subi l'épreuve absolue : pour s'assurer de la noblesse (d'âme, cela va sans dire !) de celle qui prétend épouser son fils, la reine a placé un petit pois sous vingt matelas et vingt édredons de plume, et le matin la princesse se plaint de n'avoir pas pu fermer l'œil de la nuit, d'avoir senti quelque chose de dur sous son matelas et d'avoir mille bleus noirs sur tout le corps.

Si j'ai été séduite par NKM, c'est parce que je l'ai prise pour la princesse au petit pois de la vie politique. Je goûtais d'autant plus sa confrontation avec Xavier Bertrand au sujet des marchés de Noël. La scène était délectable : l'ancien assureur de Saint-Quentin au parler rond, enveloppant et surmaîtrisé devenu l'un des poids lourds du gouvernement face à l'encore incontrôlable polytechnicienne botticellienne qui jouait de la harpe, aimait les bibles du XVIIIe siècle et à qui Nicolas Sarkozy s'était contenté de donner un petit secrétariat d'Etat sous la tutelle de Jean-Louis Borloo. Elle ne comprenait pas pourquoi elle n'avait pas eu droit, « contrairement à Rachida ou Valérie » (ndlr : Dati ou Pécresse), à un « ministère plein », comme elle disait, comme elle répétait, meurtrie par cette défaveur à ses yeux parfaitement imméritée. A ce moment-là de sa relation avec Sarkozy, elle n'avait pas encore réussi à abolir « cette distance de classe » – c'est ainsi que Patrick Buisson l'a caractérisée devant moi – qui s'est d'emblée dressée entre elle et lui. Elle est trop aristo-bobo, trop fière, trop indépendante, trop libre, elle ne fait pas partie de sa cour – et elle le paye. Certes il l'a fait entrer dans le gouvernement Fillon – par ces temps de parité obligée, impossible de se passer de sa jeunesse, de son intelligence et de son expertise en matière d'environnement –, mais pas à une place de choix. Elle n'appartient pas (encore) au club des « sarkozettes ».

« La différence entre toi et moi, c'est que moi j'aime vraiment les chenilles en bois. » Ça, c'est Bertrand qui parle. Il sourit. Pour un peu il la regarderait de haut. D'ailleurs je crois que c'est ce qu'il fait. Elle est toujours assise sur le lit ; lui se tient debout devant elle, il la chapitre avec un air gentiment satisfait. « J'aime vraiment les chenilles en bois, répète-t-il. C'est une différence fondamentale, ça change tout. Je suis comme les gens. Contrairement à toi, je suis un plouc, moi. J'ai des goûts de plouc, des pompes de plouc, regarde ! » Et de lever son pied à hauteur de nos yeux. Je jette un œil aux bottines de NKM. Je les trouve ravissantes. Pourquoi faudrait-il avoir des « pompes

de plouc » pour réussir en politique ? Elle
allait leur prouver à tous, espérais-je, que
le raffinement est une vertu, même dans ce
monde-là ! Bertrand était content de son
effet. Il avait mis les rieurs de son côté – et
ils étaient quelques-uns, dans la pièce, à
avoir contemplé en gloussant les trop jolies
chaussures de NKM. Cette dernière haussa
les épaules, elle avait décidé qu'elle ne
serait généreuse que de son mépris : « Je
ne crois pas que les gens attendent de leurs
élus qu'ils leur ressemblent. Ils n'ont pas
besoin de s'identifier à nous. Nous sommes
un point de repère, une référence, ils ont
besoin de nous toucher. Ils nous élisent
parce qu'on leur donne la foi. L'élection,
c'est une relation mystique. Il y a quelque
chose de christique dans ce qui lie l'élec-
teur à l'élu. De christique, oui. » Quand
elle eut fini, Bertrand et ses « pompes de
plouc » avaient déjà quitté la pièce.

Patrick Buisson :

« *Sarkozy, petit Juif...* »

C'est l'époque où j'étais interdite d'Elysée. Juste après le procès qui a accompagné la sortie de mon livre *Cécilia*[1] et pendant quatre longs mois – je les ai comptés –, Nicolas Sarkozy me faisait refuser toutes les accréditations. C'était plus radical encore que du black-listage : je n'étais plus autorisée ni à mettre le pied au Château – je voyais les conseillers à l'extérieur, dans des bistrots planqués –, ni à participer aux déplacements présidentiels, fût-ce dans la « bétaillère » de la presse. Après avoir supplié Franz-Olivier Giesbert, mon chef, de

---

1. *Cécilia*, Flammarion, 2008.

me sortir du service politique – ce qu'il avait refusé en arguant qu'il n'était pas question pour lui d'avoir peu ou prou l'air de céder à Sarkozy –, je tentai tant bien que mal de reprendre le « suivi », comme on dit, de la présidence sarkozienne. Un petit portrait de Patrick Buisson, que l'on ne présente plus, me fut alors commandé. Je ne le connaissais pas. J'avais couvert la campagne de 2007, bien sûr, je n'ignorais pas le rôle crucial que le politologue-trop-à-droite-pour-ne-pas-faire-peur jouait auprès de Sarkozy depuis qu'il lui avait prédit la victoire du non au référendum européen de 2005, mais je n'avais jamais eu l'occasion de le croiser : partout, toujours, il était invisible. Il n'était pas dans la loge du candidat, ni avant ni après. Il n'était même pas dans les coulisses. Il était au bout du fil. Et dans les réunions stratégiques en tout petit comité. Un point c'est tout. Un point c'est lui. L'ancien patron de *Minute* ne voulait être confondu ni avec les courtisans ni avec les groupies. Sa liberté était sa fierté.

Depuis l'élection de Sarkozy, il avait pris la direction de la chaîne Histoire et fait savoir qu'il n'acceptait ni bureau ni titre de

conseiller du président. Néanmoins, pour
le joindre, je fis un test : je contactai le stan-
dard de la présidence de la République.
Je demandai à lui parler et m'entendis
répondre qu'il ne travaillait pas là et n'avait
pas de secrétariat. J'insistai : « Pouvez-vous
lui faire passer un message ? »

Vingt minutes après, Patrick Buisson
m'appelait. « Je connais les consignes pas-
sées par Nicolas à votre sujet. Sarkozy n'est
pas mon boss, je suis un homme libre.
J'ai lu et aimé votre livre sur Cécilia. » Ce
jour-là, j'ai compris que ce que Buisson
aimait par-dessus tout, ce sont les réprouvés. Celui que l'establishment avait depuis
si longtemps rejeté dans ses marges infré-
quentables éprouvait à l'endroit des parias
une solidarité presque fraternelle. C'est
pour ça qu'il m'avait téléphoné, c'est pour
ça qu'il accepta de me voir, alors même
qu'il fuyait la plupart de mes confrères.
Nous convînmes d'un déjeuner. Il m'invita
dans une brasserie de la porte de Saint-
Cloud, près de la chaîne Histoire. C'était
le 5 mars 2008.

Je ne crois pas m'être jamais sentie aussi
juive que devant cet homme. On sait ce que

Sartre dit de cela. Aurais-je dû fuir ? J'étais fascinée. Etait-ce le syndrome « Portier de nuit » version platonique ? Un sadomasochisme intellectuel ? Je préfère ne pas savoir. Ce que je sais, c'est que son intelligence impossible à contredire m'aimantait. L'intelligence de l'ennemi. Sûre d'elle, implacable. Nourrie par la fréquentation amoureuse des écrits de génies inquiétants : Drumont, Maurras, Bernanos. La Sainte Trinité littéraire – et politique ! – de ce catholique de beaucoup de foi qui aimait la liturgie, les traditions et la prière.

Buisson a passé le déjeuner à m'expliquer que « l'antisarkozysme est une forme nouvelle d'antisémitisme ». Il ne manquait ni d'arguments ni de références : « Les idées politiques sont des virus mutants. Aujourd'hui la gauche reprend, pour attaquer Sarkozy, des idées d'extrême droite. Un président qui désacralise la fonction, et caetera. Il suffit de voir la marionnette de Sarkozy aux Guignols pour voir qu'il est caricaturé en Juif du sentier. L'antisémitisme, après avoir été de gauche, a basculé à droite, et à présent il est de nouveau à gauche. Lui, petit Juif, a réussi à aller au sommet. »

Je tentai une remarque que je voulais contestatrice : « Vous savez bien qu'il dit n'être pas juif du tout. — C'est vrai qu'il ne se vit pas comme juif, concéda Buisson. Mais il l'est selon la loi talmudique. » J'avais indiscutablement affaire à un expert. Qui acheva de balayer mon objection : « Même s'il n'est pas juif, il est vu comme tel par les antisémites. » Et de reprendre son exposé : « Donc lui, petit Juif ou petit minoritaire, si vous préférez, est parvenu, grâce à une vitalité incroyable, à devenir président. "Je les ai tous niqués", dit-il toujours avec l'élégance qui le caractérise, vous le connaissez... » Rictus. A moins que ce ne soit un sourire. Pour en avoir le cœur net, je souris largement. Il fait de même. Un peu narquois, mais pas trop. Buisson a beau tenir « Nicolas » pour « vulgaire », il s'est pris d'une certaine affection pour lui. « Ce n'est pas un homme d'un grand raffinement et d'un grand esthétisme, bien sûr, ce n'est pas un intellectuel, mais il recèle une énergie ébouriffante. » Et c'est un passionné d'esthétisme qui le dit ! Buisson est prêt à sacrifier son goût pour la noblesse d'esprit afin de faire advenir ses idées. Il considère avoir trouvé en Sarkozy le meilleur des véhicules.

Il vous le dit sans ambages. C'est le bon côté du personnage : il ne s'embarrasse pas des hypocrisies et autres faux-fuyants ordinaires. Sans doute est-ce pour cela qu'il fuit les confrères. Parce que le journaliste qu'il croit toujours être ne sait pas faire autrement que de dire ce qu'il pense. Et de boucler la boucle de ses analyses. Essentiel, pour lui, d'aller jusqu'au bout du raisonnement. Là, sur l'anti-sarko-sémitisme, il n'a pas fini : « C'est pour cela que l'affaire de la Shoah (ndlr : le 13 février 2008, Sarkozy a profité du dîner annuel du Crif pour émettre l'idée de faire parrainer des enfants victimes de la Shoah par des élèves de CM2) a embrasé les esprits et provoqué une telle fureur polémique. L'explication est là. 37 % des gens trouvent qu'on parle trop de la Shoah. Ceux-là, ils savent de quoi ils parlent. » Dit autrement : ils sont antisémites. Et donc antisarkozystes. Foi de Buisson !

En ce début de mars 2008, Sarkozy est en chute presque libre dans les sondages. Un mois plus tôt, il épousait Carla Bruni ;

un mois avant encore, il fanfaronnait en conférence de presse au retour de vacances en Égypte dont les photos montraient, de face, le nombril de la chanteuse et, de dos, son string dépassant du jean : « Avec Carla, c'est du sérieux » ; quinze jours avant, le nouveau couple faisait son coming-out à Disneyland Paris.

Tout cela désole Buisson. « Quand je dis à Sarkozy : "Veux-tu que je te fasse la théorie de ton dévissage ?", il me répond : "Tais-toi !" » Le cartomancien du président ne se fait pas prier pour me la présenter, sa théorie du dévissage. « Le décrochage de Sarkozy dans l'opinion se fait à un moment précis : la montre Patek Philippe. Le cadeau de Carla. On l'a vue partout, dans tous les journaux people. Trois Français sur quatre savent qu'elle coûte 40 000 euros. — Vous êtes sûr ? je lui demande. J'appartiens au quart qui ne le savait pas... »

Il en faudrait davantage pour le faire dévier – de toute façon Buisson ne dévie jamais, il n'a qu'une seule boussole : son systémisme. Son cerveau est un constructeur fou de systèmes, il a suffisamment d'intelligence pour, au besoin, tordre les

concepts afin qu'ils s'y adaptent. Le sys-
tème coûte que coûte. L'idéologie à tout
prix. Et de poursuivre sa théorie : « C'est au
moment de la Patek que l'image de Sarkozy
se brise dans l'opinion. Puis il y a eu la
séquence Louxor-Pétra (ndlr : les vacances
avec Carla et le fils de cette dernière), qui
a été épouvantable, mais comment faire ?
Je l'avais tous les jours au téléphone, mais
je n'allais pas lui dire : "Nicolas, reviens à
la maison !" »

On sent notre idéologue authentique-
ment désappointé. Voilà quelques mois,
déjà, qu'il n'a plus l'oreille du chef de l'Etat,
dit-il. « Sarkozy m'appelle chaque jour,
mais il n'écoute personne, en ce moment.
Il nous a beaucoup écoutés, Henri Guaino
et moi, pendant la campagne. Si j'avais de
l'influence aujourd'hui, les choses seraient
différentes. » Pas de fausse modestie. Ce
n'est pas son genre. C'est tellement peu
fréquent dans le milieu que ça me le ren-
drait presque sympathique. Il a une certaine
idée de la valeur de ses conseils et il n'en
fait pas mystère. Autre rareté : tandis que la
majorité des conseilleurs passent leur temps
à survendre leur rôle auprès du prince

– à croire que c'est une des lois de leur métier –, lui vous dit, cash, qu'il prêche dans le vide. Il se sent assez libre pour le faire. Ce qui m'a plu, chez Buisson, c'est qu'il ne ressemble à personne. Un irrégulier.

Ce jour-là, malgré tout, il était loin d'avoir perdu la foi en son champion. « L'attaque contre Sarkozy vient de son propre camp. Aucun des fondamentaux qui ont conduit à son élection n'est atteint, me certifia ce grand consommateur de sondages. Il reste crédité de pouvoir faire les réformes. Seuls les aspects personnels sont touchés.

— C'est énorme, non ?

— C'est du dépit amoureux. Ça peut s'inverser. C'est entre ses mains à lui. Il n'y a que lui qui peut le faire. » Soupir.

« Vous allez continuer de l'aider ? »

Ma question le surprend. Pour lui, il n'y a pas d'autre choix que Sarkozy. « Il demeure le seul à pouvoir être candidat. Il n'y en a pas d'autre. Fillon, Borloo, Bertrand, impossible ! Fillon, c'est physique. C'est physiquement impossible. » Il y a du mépris dans sa voix, beaucoup. « Et Juppé ? » je demande. Il me toise. « Inéligible ! »

J'insiste. Il se braque. A ses yeux, l'ancien
Premier ministre est l'incarnation plus-que-
parfaite de cet establishment bien-pensant
qui pratique sur sa (sulfureuse) personne la
« reductio ad Hitlerum ». Il ne comprend
pas comment je peux m'être lancée, et
depuis si longtemps, dans l'écriture d'un
livre sur le maire de Bordeaux. « Vous
perdez votre temps ! Il ne sera jamais président. Il est inéligible, vous comprenez ? »
Il ricane – Buisson est un ricaneur, il ne
s'amuse pas, il se moque. Nous sommes sur
le trottoir, devant la brasserie, il a relevé le
col de son pardessus – noir passe-muraille,
bien sûr, il ne porte jamais de couleur, rien
qui égaie, l'histoire est tragique, la vie aussi,
il est trop lettré et trop désabusé pour ne
pas le savoir mieux que bien. Je n'ai pas
vu le mouvement par lequel il a relevé son
col, il est allé trop vite, à moins qu'à force
d'habitude sa veste soit restée pointes en
haut quand il l'a posée sur la chaise à côté
de lui, dans le restaurant. Pointes en haut,
c'est lui. Pour se protéger du froid piquant
de ce jour d'hiver ; et aussi pour provoquer
les donneurs de leçons antifascistes – ce qui
chez lui est une coquetterie. Une raison

sociale. Tant qu'ils seront là pour mau-
dire celui qu'ils tiennent pour le démon
de notre temps veste-en-cuir-noir-dans-les-
ruelles, il se sentira vivant. Et obscurément
glorieux.

Dominique de Villepin :

« Si je bande derrière un pupitre ? »

Le procès Clearstream a commencé depuis trois semaines sous l'éclairage menaçant des cent quarante-quatre lampes-chandelles suspendues au plafond à caissons de la première chambre du tribunal de grande instance de Paris et de la déclamation inaugurale de Dominique de Villepin : « Je suis ici par la volonté d'un homme, je suis ici par l'acharnement d'un homme, Nicolas Sarkozy, qui est aussi président de la République... » L'ancien Premier ministre passe de longues heures assis sur une chaise en plastique qui tient lieu de banc des accusés – son statut, son infamie, alors... Quand il a le droit de quitter la chaise de l'humiliation, il court, si possible chaque jour, au moins une heure et demie, pour façonner sa résistance. Lorsqu'il en a la force, il me reçoit dans le deux-pièces qui lui sert de bureau au rez-de-chaussée d'un immeuble de l'avenue Foch, dans le XVIe arrondissement de Paris – c'est là que, grâce à l'hospitalité d'un ami avocat, Serge-Antoine Tchekhoff, il a trouvé refuge pour quelques mois. Cet appartement donne la mesure – au sens presque littéral – de son enfermement du moment : dans la première pièce, il y a sa chère Nadine, assistante-ange-et-gardienne, une cuisine américaine, un canapé, et du bazar, beaucoup de bazar ; la deuxième pièce est un rectangle étroit dans la largeur duquel vous ne pouvez plus bouger une fois que vous avez mis un bureau, une chaise devant, et une derrière. Ce qui ne laisse pas beaucoup d'espace pour que se déploie la flamboyance de Villepin. C'est dans ce rectangle que j'ai passé des heures à le presser de questions. Il avait accepté de participer – pas de « collaborer » ! Depuis Vichy ce verbe est à jamais proscrit du dictionnaire mythologique villepinien – à un livre que j'écrivais sur lui[1]. Les séances de travail se succédaient donc. J'avais balisé les choses, afin de le rassurer. Je gardais pour un jour de grande forme – de son côté comme du mien – une séance que j'avais baptisée « le désir ». Un vendredi, je jugeai que le moment était venu. Je me lançai : « Nicolas Sarkozy a coutume de dire que, lorsqu'il est derrière un pupitre, dans un meeting, il est tout entier tendu vers le public, dans un désir de conquête et de possession. Et vous Dominique de Villepin, est-ce que vous avez déjà éprouvé ce genre de désirs… de politique ? »

Villepin n'a pas bondi de son fauteuil, il s'est calé dedans et il a laissé passer un ange. Plusieurs, même. Ni gêne ni colère. Rien qui s'enflamme. Pas de grands mots, pas de grands sentiments – pourtant si familiers à cet esprit lyrique. Il s'est contenté de sourire. Un sourire canaille. « C'est un peu facile, vous ne croyez pas ? Vous n'allez pas vous en sortir comme ça ! Il va falloir me poser la même question à la deuxième personne du singulier. Exit le "vous", on

---

1. *Villepin, la verticale du fou*, Flammarion, 2009.

bascule au "tu". Tu vas voir, ça change tout. Qu'est-ce que tu veux savoir ? Si je bande derrière un pupitre ? Je t'écoute, pose-moi ta question... »

Je voulais le faire rougir, et c'est lui qui inversait la charge, non pas de la preuve, mais de l'empourprement. Soudain, j'avais chaud, beaucoup trop. J'avais peur qu'il ne s'en aperçoive ; il ne pouvait pas ne pas s'en apercevoir. Mes joues brûlaient sous l'effet du camouflet. Il avait retourné la situation. La malice. Il avait l'intention de pousser son avantage : « La deuxième personne du pluriel, c'est une aubaine, une distance qui permet de tout dire, un éloignement formel qui autorise toutes les audaces, on est beaucoup moins libre à la deuxième personne du singulier. C'est pour ça que je n'ai jamais voulu que Sarkozy et moi nous tutoyions. Le "tu" est une prison. On ne peut pas dire les mêmes choses à la deuxième personne du singulier. "Dominique, avez-vous **du** désir ?", ce n'est pas pareil que "Dominique, qu'est-ce qui te fait bander ?" Alors, à **toi**, maintenant, je t'écoute... »

Il n'avait pas bougé, calme comme rarement. Il se tenait toujours de son côté de la table en faux bois, moi de l'autre. Il ne s'était pas levé pour agiter l'air de ses grands bras. Pourtant, la pièce me semblait avoir encore rétréci, saturée par ses mots. J'avais de moins en moins de place pour respirer, encore moins pour parler. Mais je n'avais pas le choix. Je plaquai un sourire sur mes lèvres écorchées par la peur. « Dominique, qu'est-ce qui t'excite, à part la poésie ? » Puis je me tus, à bout de souffle. Je le connaissais – et le vouvoyais – depuis une huitaine d'années. Jamais il ne m'avait paru aussi difficile d'articuler une question. Il eut cette phrase, qui est à soi seule une réponse : « Si ce que tu veux dire, c'est que je ne suis pas comme Sarkozy, je te le confirme : je ne suis pas Sarkozy ! »

Laurent Wauquiez :

*« Dire que Sarkozy me prend
pour un centriste ! »*

Cher bar Vendôme. Avant que le Ritz ne
ferme pour d'interminables travaux, c'était
un de ces lieux où les secrets pouvaient
s'échanger sans crainte. Des banquettes-
alcôves rondes et rouges au milieu de cha-
cune desquelles était nappée de blanc une
table qui accueillerait bientôt un thé Earl
Grey – ma potion magique, surtout par
temps gris. Dans ce salon, les saisons et les
heures étaient comme atténuées : toujours
il faisait sombre, même quand dehors le
soleil étincelait. Si vous vouliez voir le ciel,
il fallait passer l'immense vitre bombée et
avancer jusque dans le patio : des chaises
en fer forgé drapées d'un tissu fleuri et

désuet vous y attendaient. C'est là que Laurent Wauquiez et moi nous sommes retrouvés pour déjeuner, le 12 mai 2011. Si cela n'avait tenu qu'à moi, nous serions restés à l'intérieur. Mais il a choisi la lumière. C'est un garçon lumineux. Oh, j'entends déjà les commentaires : à l'instant où j'écris ces lignes, Laurent Wauquiez passe pour un affreux garnement sans cœur et sans reproche. Notre petit monde aime le haïr.

Il était mon « colleur » d'histoire en hypokhâgne à Henri-IV. C'était en 1997. Il était normalien, avait été reçu premier à l'agrégation d'histoire, venait d'entrer à l'ENA – dont il sortirait major. Il était sincère, arrogant et tranchant. Aiguisé. Il avait le rire grelottant des enfants qui, pour avoir grandi trop vite, ne grandiront jamais tout à fait. Le rire du Petit Prince. Il se shootait à la poésie. Il était en quête du plus, du mieux, du sacré, du sens. Je l'ai retrouvé quand il a été élu député, en juillet 2004.

Alors bien sûr, il tuerait un moustique avec une hache, il est opportuniste, il est maladroit, il est prêt à se tordre le cou pour être sur la photo, sur toutes les photos. Mais il a le cœur tendre. Si si.

Le jour du déjeuner sur les chaises en fer forgé du Ritz, le jeune ministre – des Affaires européennes, à l'époque – a son nom écrit à l'encre indignée en une de *Libération.* François Fillon, alors chef du gouvernement, a demandé sa tête à Sarkozy. Wauquiez est accusé d'avoir, le dimanche d'avant, 8 mai, commis un crime populiste en affirmant sur BFMTV que « l'assistanat » était un « cancer de la société française ». Une déclaration qui lui a valu de crever l'écran médiatique. Jusque-là, le brillant trentenaire se présentait comme le disciple du centriste Jacques Barrot – auquel il avait succédé dans sa circonscription de Haute-Loire – et voulait plaire à tout le monde. Toujours souriant. Le gendre idéal, quoi.

Jusqu'à ce qu'il comprenne que « l'humeur du temps, ce sont les gens qui renversent la table ». Aussi venait-il de renverser sa première table. Le meilleur de la classe est aussi un sale gosse.

« S'ils me virent, ils me font le plus beau cadeau de ma vie politique ! J'ai un très gros soutien populaire. Dans le sondage OpinionWay qui paraîtra demain dans *Le Figaro,* 60 à 70 % des Français considèrent que l'assistanat est un sujet majeur. Pour moi, la bataille politique est gagnée », m'assure-t-il en arrivant. Il a l'air épuisé et réjoui. Grisé par son propre culot. « Si Sarkozy cède à Fillon et qu'ils me demandent de quitter le gouvernement, j'assume. Je suis prêt à endurer le feu. J'ai rompu la gangue. J'ai créé une aspérité. Le garçon gentillet, propre et sans saveur disparaît. J'existe, je ne suis pas centriste ! »

Jusque-là, quand il proclamait cela : « Je ne suis pas centriste ! », nul ne le croyait. Sarkozy ne le croit toujours pas, du reste. « Ça l'amuse, que ce soit un centriste qui lance ces débats », me raconte Wauquiez. Il marque un temps d'arrêt. « Dire que Sarkozy me prend pour un centriste ! »

Quand je lui fais remarquer qu'il a tout fait pour ça, depuis qu'il s'est jeté dans l'arène politique, voilà presque sept ans, il fait mine de se plonger... dans la carte. Hèle le maître d'hôtel, commande des pâtes. Répète : « Je ne suis pas centriste ! » Hésite entre un sourire et un soupir. « Sarkozy finira par le comprendre. » Et de vider son verre de jus de fruits. On est juvénile ou on ne l'est pas.

« Fillon va trop loin contre moi. Sarkozy ne peut pas dire "Laurent a tort", parce qu'il a vu les sondages. » Il sait qu'il leur doit, auxdits sondages, le fait d'être encore ministre. Il sait aussi que Fillon est convaincu qu'il a été téléguidé par Patrick Buisson. Wauquiez hausse les épaules. « C'est moi qui ai bassiné Patrick sur le mode : "On ne peut pas faire que du régalien. Il faut revenir sur le thème de l'assistanat et parler des classes moyennes." Chez moi, c'est une conviction ancienne. Ça fait un an et demi que je bosse dessus. »

Avait-il informé Buisson de ce qu'il allait dire ?

« Yep !

— Mais encore ?

— Patrick était au courant, il m'a toujours encouragé à sortir là-dessus. »

J'avais appelé Buisson avant de retrouver Wauquiez, le politologue venait de finir une réunion à l'Elysée : « Le Premier ministre est désagréable avec moi. Il pense que je suis derrière tout ça. Je ne sais pas pourquoi il voit "la main" derrière ce qu'a fait Laurent. La main. Hi hi hi... » Ça ne déplaît pas à Buisson, de passer pour le grand marionnettiste. Même si, dans le cas d'espèce, ce n'est pas tout à fait vrai. Il se garde bien de me le dire. Il m'assure « approuver totalement les propositions de Laurent » mais désavouer les vices de forme : il juge que Wauquiez n'aurait pas dû employer le mot « cancer » et pas davantage reprendre la phraséologie lepéniste « je dis tout haut ce que les gens pensent tout bas ».

Je le raconte à Wauquiez, qui bondit : « Qu'on ne me dise pas que je fais la course derrière le Front national ! Madame Le Pen a dit : "Il n'y a pas de problème d'assistanat en France." Il faut arrêter avec les faux procès ! » Il est énervé. La seule autre fois du déjeuner où il le sera, c'est quand je reviendrai sur ce qu'il a dit de pire, depuis que je le connais : sa saillie sur Dominique Strauss-Kahn, deux mois plus tôt, en mars, quand il a accueilli Sarkozy au Puy-en-Velay. Tandis que les journalistes le pressaient de questions pour savoir si le but de la visite du chef de l'Etat dans ce haut lieu de la chrétienté était de se différencier de DSK, l'encore héraut du PS, Wauquiez avait répliqué : « Ce n'est pas la même approche, Dominique Strauss-Kahn est à Washington, il a sûrement une très belle maison qui donne sur le Potomac. Ce n'est pas la Haute-Loire, ce n'est pas ces racines-là. » Comme il ne saurait être soupçonné de ne pas connaître son histoire de France, nul n'a pensé qu'il avait employé le mot « racines » au hasard... Cela doit être la dixième fois que je lui en fais le reproche. « Je me suis excusé, j'ai le droit d'avoir fait une erreur, non ? » bouillonne-t-il. Il n'est pas habitué à être pris en faute. Il est penaud. « Je ne suis pas pervers. Cette case-là me manque. » Mais à force de tout faire pour pallier ce « manque », il a réussi à passer pour le pire des cyniques.

Il aurait moins d'ennemis s'il l'était vraiment.

Novembre 2011

Patrick Bruel :

« Je demande pardon à la tasse... »

C'était la première fois que je voyais Patrick Bruel ; j'avais pour mission de le faire se raconter. Las, au bout d'une heure, il ne m'avait parlé que de... politique. Il était déçu par la gauche, il ne voulait ni ne pouvait être de droite, bref il s'indignait, s'enflammait, s'alarmait. Mais dès qu'on ramenait la conversation sur lui, il pesait et soupesait chaque mot, le corrigeait, « vous n'allez pas écrire ça, n'est-ce pas ? », etc. Adorable mais tellement maîtrisé. Je butais sur sa manie du contrôle, sa gentillesse, bla bla bla. Rien qui soit susceptible de nourrir savoureusement le portrait que j'étais chargée de faire dans *Le Point* à l'occasion de la sortie de son livre-conversation avec le journaliste Claude Askolovitch[1]. Je ne savais par où le prendre.

Je tentai un nouvel angle d'attaque. Lui, en se renfonçant dans son fauteuil : « On ne va pas parler de moi. » Ultime assaut : « Pourquoi avez-vous choisi un journaliste intello-politique comme Askolovitch ? Pour se porter caution de votre intelligence ? Vous avez déjà fait la preuve de tout le reste : que vous savez jouer la comédie, chanter, devenir une star, gagner au poker, faire du business, gagner de l'argent, avoir de belles femmes, et même des enfants... Bref, il ne restait que ça : prouver que vous êtes intelligent, non ? » Il eut comme un sursaut, léger. « Ah, vous me prenez pour un con, c'est ça ? » Ce n'était pas ça du tout, et ce n'était pas du tout du tout l'effet escompté. J'espérais provoquer un électro-choc, pas le fâcher. Je plaidai la maladresse. « Je me suis sans doute mal exprimée. Je voulais dire que vous avez tout fait, tout réussi, sauf ça : écrire un livre. C'est votre premier livre. Et vous avez choisi de lui

---

1. *Conversation*, Plon, 2011.

donner une tonalité singulière, on est loin de l'autobiographie habituelle publiée par les artistes... Qu'est-ce que vous avez voulu montrer de vous ? » Lui : « Pourquoi je ne serais pas écrivain ? C'est insupportable de se dire qu'on ne peut pas faire quelque chose. Il y a une chose que je ne serai jamais, c'est champion du monde de golf. Mais écrivain, pourquoi pas ? »

Je le regardai. « C'est insupportable de se dire qu'on ne peut pas faire quelque chose », il avait dit. Une phrase géniale. Enfantine. Terrifiante. Tyrannique. Dévoreuse. La phrase d'un type qui a décidé que la vie ne lui résisterait pas. J'ai toujours été convaincue que ces décisions-là sont autoréalisatrices. Que rien ne vous arrive dont vous n'ayez rêvé. Bruel rêvait de tout. Ou plus exactement : il ne s'interdisait de rêver à rien. Ce qui rendait tout possible. Soudain, je l'en admirai. Le perçut-il ? « J'ai écrit quelque chose... Il y a longtemps... C'était bien... » Le texte ? Le fait d'écrire ? Les deux ? Bruel ne répond pas : « C'était en 1993, j'avais 34 ans, j'étais à New York, en panne pour finir d'écrire un album, enfermé au 49e étage d'un grand hôtel avec vue sur Central Park, j'ai écrit pendant trois jours et trois nuits sans dormir, soixante pages... Des instants de grâce... Je passais le même disque, en boucle, du jazz : Michel Camilo, *Remembrance*. Vous ne me croyez pas ? J'ai encore le texte, je vais vous le montrer, il faut juste que je le retrouve, Françoise doit savoir où il est... » Et le voilà qui contacte son assistante. Raccroche. Me décoche un merveilleux sourire : « Je vais vous apporter le texte. »

Parole d'artiste ? De joueur de poker ? D'un excellent bluffeur, donc – car au « pok », comme il dit, il n'a pas son pareil... Or « le pok, c'est un jeu d'intimidation. Il y a forcément du bluff, du mensonge, les yeux dans les yeux. Tu es exactement dans le syndrome d'une petite mort en psychanalyse » – c'est lui qui m'expliquera ça, avant que nous nous séparions.

Il n'a pas joué. En tout cas pas comme ça. Quarante-huit heures plus tard, il est revenu de son week-end à La Baule, a mis la main sur sa prose, « dites-moi où vous êtes, je vous l'amène », je lui donne rendez-vous au... bar Vendôme. « Merci, merci beaucoup, mais ce n'était pas nécessaire, je vous ai cru, vous savez... Mais merci ! »

Je m'attends à ce qu'il me remette une liasse de papiers ; au lieu de quoi il sort une tablette de la poche de sa veste. « Je préférerais vous le lire... » Ah, bien sûr, il a peur que je le publie, son agent a dû le mettre en garde. J'accepte donc la motion de défiance et son corollaire : la séance de lecture. Il commande un thé vert – il est au régime, Bruel est toujours au régime, il fait attention, il contrôle... Il contrôle d'autant plus que, parfois, il se laisse aller. Chez lui, il en est de la gourmandise comme du reste. Quand il cède au lâcher prise, il compense... « J'ai trop mangé hier soir », argue-t-il. Donc ce sera du thé, point barre. Une brune à frange le lui apporte, lui propose du sucre, du miel, il décline. Il remplit sa tasse.

« J'ai relu ce que j'avais écrit. Ce n'est pas génialement écrit. C'était il y a dix-huit ans mais je n'ai pas changé. » Il donne un coup dans sa tasse. « Pardon », dit-il. Avant de réaliser : « Je demande pardon à la tasse, je ne vais pas bien, moi... » Emu, émouvant. Egocentrique et complexé. Et néanmoins fier. La nappe est trempée. Il rit, moi aussi. Il n'a pas lu une ligne. La tasse n'a pas résisté à sa fébrilité. Le contrôle se fissure. Il ne m'a toujours pas dit quel était le sujet du texte. « Les femmes... Mon rapport aux femmes... Dans le livre avec Claude, on n'a pas beaucoup parlé des femmes. »

Le voilà qui commence la lecture :

« Il y a longtemps que je n'ai pas eu une telle sérénité. Je voudrais qu'elle dure. Ephémère. Ephémère comme tout ce que je touche. Et puis les femmes. J'ai tellement désiré de femmes mais si rarement désiré ce que j'aimais. »

Et ça continue, encore et encore... Des pages et des pages. Qui se concluent ainsi : *« C'est drôle, moi qui ne peux pas rester seul plus d'une heure. Depuis que j'ai commencé à écrire, je n'ai envie de voir personne. »* Le Bruel d'aujourd'hui lève vers nous des yeux heureux de sa prose d'hier. Précise : « Je n'étais pas pété. Je ne fume pas. J'ai fumé deux pétards dans ma vie. Pendant ces jours-là, je bouffais des crab cakes. »

De ce jour, j'ai eu de la tendresse pour Bruel, l'homme qui demande pardon aux tasses de thé.

Laurent Fabius :

« *Je ne parle pas de Carla. Jamais* »

Je n'aurais jamais cru que Laurent Fabius pût m'émouvoir. C'était lors de la dernière campagne présidentielle, je l'avais accompagné pendant une semaine, à l'occasion d'une tournée proche et moyen-orientale qu'il effectuait pour le compte de François Hollande.

Pas une fois, que ce soit en Israël, dans les territoires palestiniens, au Liban ou au Qatar, l'ancien Premier ministre ne s'est abaissé à dire du bien de celui qu'il avait appelé « fraise des bois » quelques années plus tôt. Il ne fallait pas exagérer, et puis ce n'était même pas nécessaire, il lui suffisait – ce dont il s'est acquitté avec une parfaite diplomatie – de faire valoir que la France, excédée par les outrances de Nicolas Sarkozy, avait besoin des socialistes, et que Hollande était le mieux placé d'entre eux, ce qui ne voulait pas dire le meilleur – le meilleur d'entre eux c'était lui, Fabius, évidemment, il ne lui serait même pas venu à l'esprit qu'il pût en être autrement, mais il n'avait pas été en position d'être le candidat, alors... Alors il faisait le job. Irréprochablement. « Si tout se passe bien, François Hollande va être élu. Le rejet dont est l'objet Nicolas Sarkozy est profond... »

Alors qu'il tenait à peu près ce langage à Tel Aviv, le 1er février 2012, lors d'un déjeuner à la cantine de la Knesset en compagnie de députés du groupe d'amitié France-Israël, l'un d'eux, le travailliste Nachman Shai, lui demanda : « Je viens de lire dans *Haaretz* un article disant que Carla Bruni est extrêmement impopulaire en France, et que cela fait du tort politique à son mari. Les Français la détestent à ce point ? »

Fabius paraît (sincèrement) étonné, ses lèvres semblent ruminer des objections qui resteront secrètes, il se contente de tourner la tête de droite et de gauche comme

s'il voulait balayer cette question saugrenue. Deux mots finissent par sortir de
sa bouche : « Non, non... » Pause. Et de
prendre son élan : « Au contraire, elle lui
fait plutôt du bien... »

Le parlementaire ne semble pas
convaincu, qui revient à la charge : « Ah
bon ? Ce sondage dit que les Français ne
l'aiment pas, et que ça rejaillit sur lui... »
Fabius pose les couverts avec lesquels il ten-
tait de faire un sort à une cuisse de poulet
un peu cuite, il contemple l'insistant avec
l'air courtoisement condescendant qu'il
oppose à 99 % de l'humanité. Le mépris
est une esquive efficace. A fortiori face à
l'ignorance. Ce parlementaire paraissait
en effet ne pas savoir ce qui n'était un
secret pour personne dans le microcosme
parisien : Fabius avait eu une histoire avec
Carla Bruni au début de l'ère Jospin, quand
il était président de l'Assemblée nationale.

Si notre député travailliste en avait eu
connaissance, il n'aurait pas eu l'indélica-
tesse de pousser Fabius dans ses retranche-
ments. Il aurait été touché, comme moi,
par cet homme emmuré dans son refus
de dire (et de penser !) du mal de celle

qu'il avait aimée. Quitte à nier l'évidence : les enquêtes d'opinion les plus sérieuses montraient que Carla Bruni n'avait plus les faveurs des Français depuis qu'elle était devenue l'épouse de Nicolas Sarkozy. Et, pire, que lui pâtissait de sa mauvaise image à elle.

Deux jours plus tard, à Beyrouth, alors que nous finissions de dîner dans un restaurant de sushis, je me risque à lui parler de Carla Bruni et à lui demander si, avant elle, il avait déjà été aussi amoureux d'une femme, ou s'il l'avait été après. C'est la seule question à laquelle il refusa de répondre pendant cette semaine de voyage : « Joker », a-t-il rétorqué en imposant un sourire à ses lèvres. Sur les bords desquelles mourut son flegme légendaire. « Je ne parle pas de Carla. Jamais. » Et de plonger les yeux dans sa tisane.

Quand nous arrivâmes à Doha – la dernière étape du voyage –, les deux messieurs portant un keffieh et une dishdasha de (très grand) prix qui nous accueillirent à l'aéroport nous firent savoir que nous étions les « invités » de l'émir et qu'ils s'étaient chargés d'annuler les chambres d'hôtel que nous avait réservées l'ambassade de France. Jusqu'alors, que ce soit en Israël, dans les territoires palestiniens ou au Liban, chacun de nous – nous étions trois : Laurent Fabius, l'ancien secrétaire général du Quai d'Orsay Loïc Hennekinne et moi – avait réglé sa facture d'hôtel.

Les émissaires de l'émir nous conduisirent dans l'un des plus chers établissements de la ville, hall étincelant, des fleurs trop luxueuses partout. Le patron dudit palace mandata l'un de ses sbires pour m'accompagner dans ma chambre. Direction le dernier étage. A la sortie de l'ascenseur, il n'y avait que deux portes sur le palier. Mon guide me fit entrer dans la chambre de gauche et, une fois à l'intérieur, alors que je m'attendais à ce qu'il m'explique comment fonctionnaient la climatisation ou l'éclairage, il se contenta de me désigner, sur la droite, une porte de communication « vers la suite de son altesse Laurent Fabius », me précisa-t-il. J'explosai : « Vous me prenez pour qui ? » Il se mit à bafouiller. J'exigeai une autre chambre, et aussi des excuses de la direction, et du gouvernement qatari. Et je claquai la porte.

Une fois en bas, je trouvai Fabius et Hennekinne lovés tranquillement dans de grands fauteuils, je leur racontai ma mésaventure, j'employai de grands mots, « scandale », « indignation ». Fabius émit quelques sons étonnés : « Ah bon ? » Moi : « Vous vous rendez compte ! Ces gens-là sont prêts à tout pour corrompre ceux qui peuvent leur servir ! » Ni Fabius ni Hennekinne ne renchérirent. A présent, c'était clair, ma colère les amusait. Je les agressai : « Vous êtes de mèche avec eux ? Vous étiez au courant ? » Ils protestèrent de leur innocence. Sans toutefois parvenir à réprimer un petit sourire. Surtout Fabius, qui me décocha un trait de ce qui se voulait être de l'humour : « Prenez-le comme un compliment. »

Michèle Alliot-Marie :

*« Faire un meeting,
c'est comme un orgasme »*

Palais Nikaia de Nice, à moins que
ce ne fût le théâtre Adolphe Adam de
Longjumeau. Pendant cette campagne présidentielle frénétique, rien ne fut plus res-
semblant à un meeting de Nicolas Sarkozy
que celui de la veille, ou du lendemain.
Partout, le cérémonial était immuable :
en attendant de rejoindre le premier
rang une fois Sarkozy entré en scène, les
ténors de l'UMP se pressaient en bas de
l'estrade, pour « conciliabuler » entre eux,
ou avec les journalistes. Disons que c'était
à Nice. Michèle Alliot-Marie vint me trouver. Comme toujours elle portait beau,

menton vertical, cheveux et tailleur impeccables, longue étole (parme, ce soir-là) délicatement posée sur l'épaule, mais ses yeux disaient la fatigue. C'était la fin de la campagne, nous étions tous exténués : les candidats, les hommes et femmes politiques qui se montraient à leur côté d'une ville à l'autre, et nous autres reporters qui courions pour les suivre...

MAM leva la tête vers le pupitre derrière lequel, dans quelques minutes, se dresserait Sarkozy. « A notre place, c'est épuisant, commença-t-elle. Mais à celle de Nicolas, c'est autre chose... » Elle soupira d'envie. De gourmandise. On se dit qu'elle se serait bien vue candidate de son parti à l'élection présidentielle, qu'elle regrettait de n'avoir pas occupé ce rôle. On n'y était pas. « Quand c'est vous l'orateur, poursuivit-elle sans quitter la scène des yeux, comme aimantée par ses pensées, ce n'est pas la même fatigue. Faire un meeting, ça vous donne de la force, de l'énergie. C'est comme un orgasme. » Le mot avait jailli sans prévenir, en tout cas pas moi. Allait-elle se reprendre ? Est-ce cela qu'elle avait voulu dire ? « Un orgasme ? » je la relançai, plus qu'intriguée. Elle ne chercha pas à esquiver, au contraire ; elle que son quant-à-soi taillé dans un roc apparemment inentamable faisait passer pour une femme coincée, semblait brûler de se raconter : « Oui, il y a une vraie forme de jouissance quand vous parvenez à créer une relation avec un auditoire. Quand ça prend, quand il se passe quelque chose entre la salle et vous, c'est magique, on ne sent plus la fatigue, ça pourrait durer des heures, on n'a aucune envie que ça s'arrête et, quand c'est fini, on n'attend qu'une seule chose : de pouvoir remonter sur la scène. C'est orgasmique, oui, vraiment, je crois que c'est la même chose. » Son rire cherche une complicité féminine. La trouve. Elle pince ses lèvres, soudain minaudeuses : « Ne le dites pas à Patrick (ndlr : Ollier, son compagnon). Il n'imagine pas que c'est pour ça que j'adore faire des réunions publiques. Les hommes croient qu'ils sont les seuls à jouir de la politique. S'ils savaient... »

Décembre 2012

Arnaud Montebourg :

« *Rendez-vous au Train Bleu !* »

Un ministre au bord de la démission, c'est un spectacle épuisant. Ce dimanche après-midi-là, Arnaud Montebourg fait manifestement la grève du rasoir, il a des yeux de lit défait, avec autant de bleu dessous que dedans, il a habillé d'un jean brut ses longues pattes de « bestiau bourguignon », selon l'expression de son copain Aquilino Morelle. « Rendez-vous au Train Bleu », m'avait dit la veille ce ministre du Redressement productif qui n'était pas sûr d'avoir eu raison de laisser François Hollande refuser sa démission, quelques heures plus tôt.

Moi, je n'étais pas sûre d'avoir bien entendu : je lui demandai s'il s'agissait bien du « Train Bleu » en surplomb de la gare de Lyon, ce bar-restaurant enchanté par des fresques datant de 1900 depuis les baies vitrées duquel on peut voir les trains partir. « Oui, rendez-vous au Train Bleu ! » s'agaça-t-il.

Donne-t-on rendez-vous dans une gare quand on n'est pas sur le départ ? Montebourg n'a aucun train à prendre. Peut-être le regrette-t-il.

« Je veux qu'ils se déculottent et qu'ils bouffent le froc en lanières. » Voilà ce qu'il me jette au visage sitôt après avoir assis sa colère au fond du fauteuil en cuir marron. Nous sommes le 2 décembre 2012.

« Ils », dans sa bouche, c'est… Jean-Marc Ayrault. Parce que ça arrange Montebourg de faire porter au Nantais le chapeau de l'arbitrage rendu – par Hollande ! – dans l'affaire qui le mine : Florange. « J'ai travaillé pendant trois mois sur la solution de nationalisation temporaire. Ayrault a travaillé trois jours et m'a sorti du dossier. Je suis tombé comme les ouvriers de Florange. J'ai découvert le choix à la télévision, vendredi soir. Ce sont de très graves dysfonctionnements au sommet de l'Etat. Ils ont commis deux fautes : discréditer la solution de nationalisation et discréditer le repreneur qui est un patriote de l'acier français. Ayrault s'est comporté comme s'il était sur la ligne politique de François Fillon ! L'argument de la contagion, c'est un argument de cague-braille, comme on dit en langue d'oc. Ceux qui font dans leur froc. »

Il a prononcé cette diatribe comme on mitraille. Et puis il s'est arrêté net, s'est recroquevillé dans le fauteuil. De la rage à l'abattement. Quand il reprend la parole, on dirait qu'il a avalé la patate chaude qu'il a toujours dans la bouche. « A Florange, j'ai vu le regard de ces gens, j'ai vu pleurer des costauds de 50 ans, des hommes qui vivent à 50 degrés dans les hauts-fourneaux. Des gens qui ont été maltraités par Mittal et oubliés par les politiciens. J'ai juste essayé de leur offrir une solution. Je n'admets pas qu'on détruise mon travail, surtout quand il est fait pour ces gens-là. C'est cague-braille », assène-t-il une nouvelle fois tandis que son buste traverse la table pour s'avancer vers moi. Afin de mieux convaincre, il écarquille les yeux, les place à quelques centimètres des miens.

Il est sonné mais ne lâche rien. « Je considère avoir été maltraité. Je ne reconnais pas l'autorité mal ajustée de Jean-Marc Ayrault. La politique, c'est l'art d'écouter autrui, de le respecter. Quand l'Etat met sans sourciller trois milliards d'euros dans Dexia il y a quinze jours, ça s'appelle du sauvetage. Je rappelle que mon plan pour Florange ne coûte pas trois milliards, mais zéro. J'ai un problème politique avec Jean-Marc Ayrault. Il va falloir qu'il mette de l'eau dans son vin nantais. Il y a deux orientations politiques dans ce gouvernement. L'une qui est naïve-libérale, celle de Jean-Marc ; l'autre qui est interventionniste, la mienne. J'ai construit une forme de consensus national, avec le soutien de gens comme Jean-Louis Borloo, Thierry Breton, Henri Guaino. Même Jean-François Copé n'était pas contre. J'ai expliqué au président que je lui apportais une solution politiquement apaisée, financièrement viable et économiquement structurante, conforme aux promesses de campagne. » A cet instant, Montebourg est comme grisé.

« Mais Hollande n'en a pas voulu. Car c'est lui qui a retoqué votre plan, non ?

— Il avait ménagé les deux solutions. Jusqu'à la dernière minute, il a dit : "C'est moi qui trancherai."

— Il a tranché en faveur d'Ayrault. »

Montebourg jaillit du fauteuil : « Hollande a échappé à une crise politique et à une dislocation de son gouvernement. Je lui ai présenté ma démission, et il l'a refusée. Je lui ai dit : "Ce n'est pas le ministre du Redressement productif qui te parle, c'est le troisième homme de la primaire sans lequel tu ne serais pas là. Il y a un accord historique entre nous. Il n'est pas possible que je perde tous mes arbitrages." Il m'a dit : "On ne peut pas se séparer." Il a décidé de réparer le préjudice. J'ai demandé à Hollande que la question de la nationalisation reste une éventualité, et elle le sera, ne vous inquiétez pas, je m'en occupe. Il est acquis que cette arme est sur la table. Il va recevoir le repreneur pour le remercier.

— Et cela a suffi pour que vous renonciez à claquer la porte ?

— Je ne considère pas être affaibli. J'ai gagné la bataille. »

L'instant d'après, il dira le contraire : « Les avocats savent ce que c'est, les moments tragiques. Ils savent ce qu'est la déception. Ils savent vivre des périodes de difficulté extrême. Il ne faut pas se laisser désarçonner. Je suis le reconstructeur en chef de l'industrie française. » Les épaules se laissent aller. « J'en ai marre de me battre contre mon camp, enfin contre une partie de mon camp, qui se trompe. »

Pour démontrer qu'il n'a pas cédé sur tout, il exhibe une preuve, la seule à sa disposition – c'est dire s'il s'y accroche : son entretien téléphonique avec Ayrault, la veille au matin, dans la foulée de son rendez-vous avec Hollande. Le fameux coup de fil où Montebourg a injurié le Premier ministre. Il tient à ce que tout le monde le sache. « Je n'ai jamais été en colère comme ça de ma vie, je lui ai raccroché au nez. » Ce disant, il retrouve ses accents de fanfaron. Il a besoin de croire que ses insultes lavent son humiliation. « J'étais dans le bureau d'Aquilino (ndlr : Morelle, alors conseiller du chef de l'Etat). Christian Gravel (ndlr : alors chef de la cellule communication de l'Elysée) regardait ses pieds. Il y avait aussi

Emmanuel Macron (ndlr : alors secrétaire général adjoint de la présidence) », précise-t-il à dessein. Il a souhaité qu'il y ait des témoins à ses vociférations vengeresses. Des gens qui puissent attester qu'il ne s'est pas couché sans rien dire.

Ce qu'il ne dit pas : sa fureur contre Ayrault est à la mesure de ce qu'il a consenti devant Hollande. Tout ce qu'il a contenu dans le bureau du président, il l'a déversé en hurlant dans les oreilles du Premier ministre. « Je lui ai raccroché au nez », répète-t-il. Parce qu'il faut bien être fier de quelque chose, quand on a honte...

Il attrape son iPhone. « Je vais aller au cinéma, m'annonce-t-il.

— Là maintenant ? je demande.

— Ben oui, pourquoi pas ? Je vais choisir mon film. Si AlloCiné veut bien... » Il tripote son téléphone. Peste. N'arrive pas à faire marcher l'application. Renonce.

« Vous vous voyez comment, dans cinq ans ?

— Je ne sais pas. » Il soupire, et encore une fois. Il est exaspéré. « On verra, on verra. » Des silences, trop de silences. « Je vais demander à Hollande des armes pour agir. Je n'ai pas d'ambition. J'ai 50 ans, je fais ça, et après on verra. »

Pour ponctuer cette phrase si peu définitive, il aurait pu descendre d'une traite un verre de whisky dans un poignant tintinnabulement de glaçons. Mais non. Je ne crois pas qu'il ait commandé d'alcool. J'ai oublié de noter ce qu'il a bu dans mon carnet. En revanche, j'ai écrit entre crochets – c'est le code que j'ai choisi pour mes remarques : « On peut faire de la politique depuis longtemps et en avoir encore une vision romantique ! » C'est comme donner rendez-vous au Train Bleu. Un train bleu, c'est un train de rêve.

Février 2013

Peillon s'en fout

Il aurait dû être la star du gouvernement de Jean-Marc Ayrault. Vincent Peillon avait tout pour cela : beau, intelligent, cultivé, il lit des livres, beaucoup, il en écrit, et il n'a pas arrêté quand François Hollande lui a confié les rênes du ministère auquel cet agrégé de philosophie se préparait depuis toujours : l'Education nationale. Rien de moins que la priorité revendiquée du président. Avec de l'argent, s'il vous plaît, et pas qu'un peu : les fameuses 60 000 créations de postes. Un privilège en ces temps de disette. Bref, Peillon avait tout pour lui. Or rien n'advint. Quand je suis allée le voir rue de Grenelle, en février 2013, je voulais comprendre ce gâchis. Dans son bureau, ça sent la cigarette. Jamais je n'étais entrée dans un bureau de ministre exhalant une telle odeur de tabac. Ça ne se fait plus, de fumer ouvertement. Peillon s'en fout. Lui, il ne fait pas de compromis. Il fume, et alors ?

Je ne suis pas assise depuis cinq minutes que déjà, alors que je lui demandais pourquoi il était le moins bon communicant du gouvernement, il se réclame de Paul Valéry : « La bêtise n'est pas mon fort. » Certes. Mais ça ne se dit pas. Surtout, ça ne vous exonère pas de vos responsabilités. Or celles d'un ministre sont doubles : faire et faire savoir. Peillon fait, et puis c'est tout. Il crispe. Passe pour distant. Il le sait. Hausse les épaules. Tombe la veste de son costume – quand il la pose sur l'accoudoir de son fauteuil, j'aperçois l'étiquette avec la griffe Cerruti. Un homme de gauche soucieux de contrôler son image ne s'afficherait pas avec du Cerruti. C'est ridicule mais c'est ainsi. Le symbole est roi, dans ce monde-là. A tort ou à raison, Cerruti, ça sonne bling bling. Peillon s'en fout.

« Je ne veux pas gérer les médias. Je m'y refuse. Je n'y arrive pas, ce n'est pas en moi. C'est aux gens de progressivement se dire : "Ce monsieur ne cherche pas à être l'ami de tout le monde mais il fait progresser le dossier." Hollande a une façon de parler qui apaise n'importe lequel de ses interlocuteurs. Moi je dis aux journalistes ce que je pense d'eux. Lui, il sait vous faire écrire ce qu'il veut que vous écriviez. Ce n'est pas mon genre, moi je dis ce que je pense et qu'importe ce qui sera écrit. » Pause. « Vous allez écrire : "Il est obtus, il est caractériel." » Il enlève ses lunettes et se frotte les yeux. « Pourquoi je ne fais pas preuve de plus d'habileté ? Ça ne me préoccupe pas assez. »

« Manuel Valls sait y faire… », lui fait-on remarquer. Il rit. « Manuel, c'est un politique merveilleux. Dans ma situation, qu'aurait-il fait ? Il aurait appelé Stéphane Fouks puis Alain Bauer. Il aurait dit : "Il faut mobiliser les réseaux." » Il rit encore. Il se moque gentiment, parce qu'il aime bien « le petit Manuel », comme il dit. Où l'on comprend que le grand Peillon, lui, a trop d'orgueil pour « mobiliser les réseaux ». Un bel orgueil : « Je suis numéro trois du gouvernement. De ma génération, j'ai le rang protocolaire le plus élevé. Je ne dois pas être un si mauvais politique... Ça les agace tous. Ça agace Ayrault. » Ce dernier n'est pas son copain. « Ce mec qui est certifié d'allemand, emmerdant comme une vieille chaussette, est en train de gagner tous ses arbitrages auprès de Hollande comme un vieux poperéniste fou. Comment est-ce possible ? J'ai dit à Delphine Batho (ndlr : alors ministre de l'Ecologie) : "Je n'arrive toujours pas à comprendre si ce type est un génie ou si c'est un vrai con !" » Peillon, qui passe son temps à pester contre l'imbécillité des uns et des autres, a tendance à ne prendre personne pour un génie.

« Je ne m'attendais pas à ce que François soit président. » Hollande aussi a droit, accolé à son prénom, à l'adjectif qui fait figure de préfixe un rien condescendant : le « petit ». Ce n'est même pas du mépris, c'est de la hauteur, une hauteur folle. « Le petit François », il dit. Sourire de celui qui regarde tout le monde comme un « petit ». « Avec François, on a des relations très difficiles mais d'une intimité incroyable. Il m'agace horriblement et je l'agace horriblement. » Il y a de la brutalité, dans la franchise de Peillon. De la brutalité et de la fraîcheur. « Moi je vole dans les plumes des gens. François prend les choses par l'humour. Il vous retourne. Le politique, c'est une image phallique. Lui, il enlève ça tout de suite. C'est ainsi qu'il désamorce les crispations. » Peillon admire-t-il ce qu'il ne sait pas faire ? Un petit peu. Tout au plus.

« Des concessions, j'en fais. Je passe moins de temps avec mes enfants. Je lis moins. » Cette dernière phrase est à soi seule une pépite. L'amoureux des livres « concède » lire « moins ». Au siècle dernier, cela eût paru banal. Aujourd'hui qu'une ministre de la Culture alors en poste, Fleur Pellerin, n'a pas honte d'avouer qu'elle n'a pas lu Modiano, c'est juste inouï. Non pas que Peillon lise moins. Mais que, à ses yeux, lire moins soit la concession suprême. « Je n'ai pas l'impression que je ne concède pas », insiste-t-il étrangement. Et d'ajouter : « Chez Aristote, la qualité première du politique est la prudence. Je ne suis pas sûr d'en avoir. Ce matin, je relisais Rousseau qui disait que le pire défaut, c'est la prudence. J'avais oublié ce débat que j'ai avec moi-même. Je n'ai pas tranché. » Il lit « moins »

mais le matin, il relit... Rousseau ! On
rêve. Peillon tel qu'en lui-même. Le dernier des politiques lettrés et fiers de l'être.
« Pendant le Conseil des ministres, je m'ennuie, alors j'écris. » Il a, précise-t-il, « toujours plusieurs livres en cours d'écriture ».
Pour un peu, il ne parlerait que de ça. « Il y
a deux ans, j'ai acheté une maison de campagne à Courances, près de Fontainebleau,
j'y ai mis tous mes bouquins, j'ai fait un
beau bureau sur jardin, c'était mon rêve
depuis longtemps, j'y vais quasiment tous
les week-ends, je respire, là-bas. J'écris. »
On avait deviné.

A ce stade, je n'ai plus qu'une seule question : que fait-il en politique ? « J'y crois
vraiment, hein, à cette affaire de faire
réussir les gosses, de faire diminuer les
inégalités. » Certes. Mais ça ne suffit pas
pour exercer ce que Paul Valéry – encore
lui – appelle les « professions délirantes ».
Peillon sourit, vous explique qu'« il faut
fatiguer le doute ». Peut-être. Mais encore ?
« Avant la campagne, j'avais une vie assez
agréable : le Parlement européen, la com-
mission des Affaires étrangères, les livres. »
Décodage : depuis l'élection de Hollande,

sa vie est désagréable. « Le seul homme politique qui m'avait averti de ça, en 1994, c'est Dominique Strauss-Kahn. "Tu sais, ta vie va devenir compliquée, tu vas devoir vivre sous le regard des gens." » Peillon en profite pour me dire qu'il a « une immense affection pour Dominique ». Je le regarde, pour voir si cette précision se veut provocatrice. Je n'en ai pas l'impression. Il ne saurait être tout à fait innocent, pourtant, de déclarer qu'on aime DSK, en ce temps-là, chez les socialistes. Sous la présidence Hollande, le plus anti-strauss-kahnien d'entre eux, ça vous classe illico dans la catégorie des francs-tireurs. Peillon s'en fout – encore. Il continue d'aimer le paria de son camp, et tant pis si ça ne se dit pas, ou tant mieux.

« Dominique avait raison, poursuit-il. Je déteste être reconnu. Je n'ai pas ce plaisir. Je n'ai pas de plaisir à être un personnage public. » L'homme est à son aise derrière un pupitre, il a une voix de tribun, grave et pleine, il scande, il occupe l'espace, il connaît son sujet, l'école. Mais il ne descend jamais vraiment de sa chaire. Il ne va pas vers les gens. Pas même vers les profs, ses

pairs. Je le lui dis. Ça l'énerve. Si je continue, il va me faire comprendre que je suis
stupide. Il tranche : « J'ai les moyens, j'ai
la priorité. Après, si ça ne marche pas, je
ne vois pas ce qu'on peut faire de plus. »
Pas même le début d'un commencement
de remise en question...

Ce jour-là, c'est au philosophe que j'ai
eu affaire. Mais attention, Peillon n'est
pas un pur esprit planant à mille milles
des petites combines politiciennes. Il a
monté des coups, des courants et tout
et tout. « Vincent est Janus, m'exposera
Valls quelques mois plus tard. Homme
d'appareil et philosophe. Mais il n'y a pas
de lien entre les deux, alors ça explose.
Ça a même implosé physiquement, après
son refus imbécile d'aller dans l'émission
d'Arlette Chabot face à Marine Le Pen et
Eric Besson. » Le 14 janvier 2010, en effet,
Peillon avait à la dernière minute laissé
sa chaise vide sur le plateau d'« A vous
de juger », sur France 2. Alors que l'émission avait commencé, il s'était fendu d'un
communiqué incandescent pour réclamer
la démission d'Arlette Chabot. Une sur-
chauffe. « Imbécile », a donc dit Valls, qui

sait combien Vincent-le-très-intelligent est entêté par l'imbécillité des autres. Puis le député européen se tint quelque temps éloigné de la scène politique : on apprit qu'il avait eu un problème de santé. « Derrière ses airs de dur, Vincent est d'une grande fragilité psychique et physique », conclut Valls.

Quand j'ai quitté le bureau de l'homme qui voit des imbéciles partout, j'ai réalisé que pas une fois il n'avait jeté un œil à son téléphone portable. En deux heures. Pas même un regard à la dérobée. C'est bien simple : à mon arrivée, il avait laissé l'appareil – que je n'avais pas eu le temps d'apercevoir – sur sa grande table de travail, près des parapheurs, et il était venu s'asseoir à l'avant de la pièce, côté salon. Puis il ne s'était plus levé. Du jamais vu dans le petit monde politique. Partout, toujours, ces fauves-là se tiennent prêts à bondir sur le smartphone qu'ils gardent à portée d'yeux et de doigts, au risque de frôler l'impolitesse. Ils restent connectés. Peillon s'en fout.

Août 2013

Les silences de Johnny, les mots de Laeticia

Saint-Barthélemy. Là-bas personne ne dit comme ça, c'est comme profaner un cimetière de rêve en carton-pâte blanc trop chic. Saint-Barth, donc. On n'y meurt pas, ce n'est pas faute d'en avoir le frisson quand, après avoir survolé le col de la Tourmente – ça ne s'invente pas –, le petit avion à hélice qui vous y conduit entame la chute libre qui ici tient lieu d'atterrissage. La piste finit à un mètre de la mer des Caraïbes. Le cœur bat un peu vite, les jambes se vident. On pense à celles, qui sont moins vaillantes dans la vraie vie que sur scène, du vacancier-star de l'île, Johnny Hallyday.

On se demande comment ces jambes presque fluettes – j'ai fait leur connaissance quelques mois plus tôt à l'occasion d'un portrait du crooner – survivent à ce piqué périlleux, lui qui, si l'on en croit les publi-reportages et leurs photos plus-souriantes-que-Laeticia-tu-meurs, passe tous ses étés sur l'île. Je n'ai pas osé lui poser la question, le jour où je fus conviée à déjeuner villa Jade, du prénom de la première des filles adoptées par le couple.

Ce qui frappe, ce ne sont ni les gros bouddhas, ni la piscine verte à déborde-ment autour de laquelle se prélassent les deux petites filles en bikini, ni le teck ruti-lant qui court tout au long de la terrasse en surplomb de la baie de Marigot – on les a trop vus dans les magazines, c'est comme si on les connaissait déjà, c'est juste une mai-son de riches à flanc de colline avec une vue sublime et un décorum asiatique. Non, ce qui frappe, c'est le bermuda de Johnny dont dépassent des mollets tellement frêles qu'on a du mal à les quitter du regard, ça tombe bien, il n'aime pas regarder dans les yeux, il est timide. Le seul endroit où il se sent à l'aise, c'est la scène. Côté cour (côté piscine, en l'occurrence), il y a de la gaucherie. Et du silence. Le chanteur à la voix la plus profonde du monde ne parle pas. Laeticia invite – des amis et des amis d'amis – pour qu'il n'ait pas besoin de parler.

Sa voix, cette voix mythique, ce qu'il a de mieux, ne s'échappe de lui que sous la forme des grommellements qu'il adresse au maître d'hôtel en lui désignant votre verre. Johnny veille à ce que, chez lui, ceux qui le souhaitent puissent s'enivrer tout leur soûl. L'état de votre verre focalise son attention. Il ne vous regarde pas au visage, il vous regarde au verre. Ça, c'est pendant l'apéritif. A table, il ne s'occupe plus que de son verre à lui et du grand plateau de sauces qui lui fait face. Il y a là des dizaines et des dizaines de flacons, pour ne pas dire pire – des assaisonnements de toutes les tailles, de toutes les couleurs, ils sont juste devant lui, pas au milieu de la table comme il se devrait afin que chacun puisse se servir, non, seulement pour lui, au bout à gauche, et ils y resteront jusqu'à la fin du repas, jusqu'au dessert. Jamais sans mes sauces ! Pour pimenter les plats zéro calorie

– Laeticia est une championne obsession-
nelle et talentueuse de la lutte antigras.
Pour épicer la vie. Pour agrémenter.

Laeticia s'affaire ; Johnny s'efface. Si vraiment vous insistez, vous arriverez à lui faire
dire qu'il « aime beaucoup Saint-Barth »,
que « c'est booooo, si boooooooooo », mais
si vous le laissez en paix, il y reste. Ce
qui parle en lui, outre la maigreur de ses
jambes et ses sauces en folie, c'est le fouil-
lis des tatouages sur son torse et ses bras,
de la virilité gravée dans la peau, et aussi
des croix, beaucoup de croix. Il n'est pas
ridicule, Johnny, il est déglingué et exces-
sif, mais pour de vrai. Il ne triche pas. Il
ressemble à sa caricature, c'en est touchant.

Ce qui parle en lui, aussi, c'est elle,
Laeticia. Car la blonde à fossettes qui a tué
ses boucles d'or et son espoir est désormais
l'une des émanations de notre rocker, le
versant bleu triste – à l'instar de ses yeux,
qu'elle a très beaux – et bavard. Qu'est-ce
qu'elle parle. D'épanouissement person-
nel, de « lâcher prise », de leurs deux filles,
et et et. La question n'est pas de savoir
s'ils s'aiment, mais de savoir s'ils peuvent
faire l'un sans l'autre. Elle n'existe que

par et pour lui, et c'est son drame, croit-elle ; il ne tient plus debout sans elle, et c'est sa chance, pense-t-il. Laeticia a pris les commandes de leurs maisons, de leurs existences, il ne fait rien sans elle, il ne lui refuse rien, sauf le troisième enfant qu'elle voulait adopter. Elle sourit trop, ne mange pas assez, exhale la mélancolie. L'ailleurs. Lui n'est pas mélancolique, il n'est pas (tout à fait) là. Comme si on avait éteint la lumière et « l'envie d'avoir envie ».

Quand le soleil se couche, le vieil homme se rallume. On l'a retrouvé dans un cabaret, le Ti St-Barth, quelques jours plus tard. Transfiguration. D'un bond il s'est levé quand les serveurs ont retiré les assiettes et que les danseurs se sont faufilés entre les tables. Johnny était dans son élément, Jean-Philippe Smet – que ses parents abandonnèrent à la sœur de son père – a grandi dans des cabarets, au rythme des spectacles de ses cousines danseuses. Il fallait le voir, cette nuit-là, entraîner toute notre table à participer au show, aller nous chercher des accoutrements dorés et argentés, nous aider à les revêtir, nous encourager avec des tapes dans le dos. Je n'irais pas jusqu'à dire qu'il prenait du plaisir, mais il savait quoi faire, exactement, ce qui n'est pas le cas quand il n'y a pas de spectacle, c'est-à-dire tout le reste du temps.

Ce n'est pas tout à fait vrai : quand nous avons fini par nous extirper de la salle pour prendre l'air, il était dehors, un verre (était-ce du gin ?) à la main, il voulait... parler. Et de prendre, un à un, par le cou, les hommes de notre table (tous plus jeunes que lui) pour leur certifier dans un petit rire las, malicieux et sage, oui sage : « Tu sais, il n'y a qu'une chose qui vaut la peine, c'est l'amour ! »

Aquilino Morelle :

« Je suis une boussole.
Je montre la gauche »

« Vous, vous êtes de droite. » Aquilino Morelle ne lève même pas le nez de l'huître qu'il est en train de gober. Il le répète : « Vous êtes de droite. » Je profite de l'instant où il porte à ses lèvres un verre de chablis pour scruter ses yeux, à la recherche d'un éclat d'ironie. Il me taquine, ce ne peut être que cela. « Vous plaisantez ? » je lui demande. Là, il pose et la fourchette et le verre, franchement interloqué. Il ne comprend pas que je ne comprenne pas. « Mais enfin, je ne plaisante jamais avec ces choses-là ! Vous devriez le savoir : je suis une boussole. » Pause. Il sourit, ravi de sa formule. « Je montre la gauche, c'est pour ça qu'on me paye, c'est ce que je faisais auprès de Jospin, c'est ce que je fais auprès de Hollande, c'est pour ça qu'il m'a fait venir à ses côtés. Pas parce qu'il m'aime, mais parce que je suis le seul capable de faire ça. Montrer la gauche. La gauche, c'est moi. »

Il a raison sur un point au moins : il n'a pas du tout l'air de blaguer. Son œil brille de certitude. Ce 24 août 2013, il dévore du pain de seigle – pour accompagner les huîtres – dans un restaurant à une demi-douzaine de kilomètres de La Rochelle. L'université d'été du PS a commencé la veille. François Hollande va (politiquement) mal, mais pas son conseiller politique. « Je sais détecter ce que sont les gens. » Je tente d'argumenter : « Je vous ai déjà dit que je ne votais pas... Que je n'avais jamais voté... Je ne suis même pas inscrite sur les listes électorales... Parfois j'aimerais bien savoir où je me situe sur un échiquier politique, mais c'est pour moi une question indécidable. J'ai besoin de rester en retrait. Si je refuse de me choisir une religion, pourquoi m'en attribuez-vous une d'autorité ? Pourquoi chercher à

coller des étiquettes sur tout le monde ? »
Il soupire sincèrement. Sincèrement désolé
par mon manque de clairvoyance. « Tout
le monde est étiquetable, même ceux qui
comme vous ne le savent pas. J'ai besoin de
quelques minutes seulement pour savoir de
quel bord est l'être humain en face de moi.
Vous n'êtes pas de gauche, c'est comme ça.
Pas la peine d'en discuter. Vous pouvez me
dire ce que vous voulez, ça ne changera
rien. Je me fie à ma boussole intérieure. Elle
est plus fiable que toutes vos objections. »
A ce moment, deux solutions : s'emporter
contre celui qui a la prétention de lire dans
l'âme politique d'autrui ou bien partir d'un
rire pacificateur des mœurs et des cœurs.
J'opte pour cette dernière attitude. Le rire
est un merveilleux diplomate. Tellement
utile pour faire retomber les particules
de colère qui volètent... « Vous faites ça
avec tout le monde ? » je questionne. Rire
encore – en espérant adoucir, fût-ce un tantinet, mon interlocuteur. En vain. « Bien
sûr. C'est pour ça que je suis payé, je viens
de vous l'expliquer. » Une raideur si étin-
celante vous coupe l'envie de rire. Soyons
sérieux, alors : Hollande est-il de gauche ?

Morelle s'attendait à cette question – à moins qu'il ne se la pose souvent, ou bien les deux. « François a une intelligence tactique redoutable, mais il n'a pas de conviction. C'est à ça que je sers. »

Huit mois plus tard, le 18 avril 2014, il sera viré de l'Elysée pour une affaire de cireur de pompes. Le lendemain, il arrive chez moi un peu avant 20 heures. Il n'a pas voulu que nous nous retrouvions dans un restaurant, de peur d'être reconnu, et vilipendé. « Ça vous ennuie, si on se voit chez vous ? » m'a-t-il demandé au téléphone, l'après-midi. Il se sent traqué. Sitôt arrivé, il planque son iPhone sous le gros tapis blanc de mon salon. « On peut être écoutés », justifie-t-il sans me regarder. Ses yeux fuient. Quand finalement je les attrape, tandis qu'il rappelle son avocat Georges Kiejman, ça brûle. Ça me brûle. Deux flammèches noir colère qui n'ont pas baissé la garde. L'homme va mal. Il est sonné, épuisé, il n'a pas dormi. Il porte une veste en laine grise, une écharpe rouge, il a aux pieds des chaussures bateau en cuir noir

qui mériteraient bien d'être... cirées. Deux
fois il dira en soupirant : « Seigneur ! »
Jamais je ne l'avais entendu invoquer Dieu,
même mécaniquement. A-t-il seulement
conscience de (tout) ce qu'il dit ? Il ne
sait plus à quel saint se vouer. « Ce sont
des ordures. De toute façon ils ne l'empor-
teront pas au paradis, même si je ne crois
pas au paradis. »

« Ils », c'est, à l'entendre, « un mélange
de Servier, plus Lemas (ndlr : Pierre-René
de son prénom. Il était secrétaire général de l'Elysée jusqu'au 12 avril 2014, soit
quelques jours plus tôt). Quand je dis
Lemas, je veux parler de lui et des autres,
Faouzi Lamdaoui et Claude Sérillon, tous
ces nuls de l'Elysée, et on me dit qu'il y
aurait un ministre, vous auriez une idée
de qui ça pourrait être ? » Il est perdu,
Morelle. « C'est un complot. » Rictus douloureux. « C'est Lemas qui a balancé l'affaire du cireur de chaussures, il voulait me
buter, il était tellement nul... Il m'a buté,
mais je l'ai buté avant. » Cette évocation du
congédiement de Lemas lui tire un petit
sourire, le seul de la soirée. « Il y a des
gens bien qui m'ont écrit pour me dire

qu'ils me soutenaient. » A l'Elysée ? « Non,
pas à l'Elysée. » Il triture son cartable. « Ce
n'est pas à cause du cirage de pompes que
Hollande m'a lâché. Il m'a lâché parce que
je l'ai vu nu. Parce que je sais qui il est. »
Il ne veut pas (trop) parler de Hollande.
« Ça me dégoûte. » Et de répéter ce verbe
trois fois.

Ne croit-il pas que la violence du lyn-
chage dont il fait l'objet est à la mesure
de la superbe avec laquelle il dispensait
des leçons de moralité politique, surtout
depuis qu'il occupait le grand et beau
bureau à côté de celui du président de la
République ? Je n'ai pas pu m'empêcher de
lui demander ça. Il a l'air surpris. Je sous-
titre : « Vous vous souvenez, quand vous
m'avez asséné que vous étiez la gauche, que
vous étiez une boussole, que vous saviez qui
en était et qui n'en était pas ? »

Lui : « C'est vrai que je décerne des bre-
vets de bonne gauche, mais pas de vertu,
pas de moralité, non, je vous promets. »

Moi : « Convenez que ça peut prêter à
confusion… »

Il est désolé. Je n'insiste pas. Son désarroi
m'attendrit. Morelle n'est pas un méchant

monsieur. Plutôt un gentil homme, même. En deux mots. Un homme gentil. Mais partout, toujours, il a besoin de montrer qu'il est plus intelligent que ses interlocuteurs – ce qui est souvent vrai –, qu'il a des convictions, contrairement aux autres – ce qui est absolument vrai – et que ses idéaux de gauche sont purs – ce qui n'est pas tout à fait faux. Il a le complexe du fils de pauvres. Il croit que son arrogance est un talisman contre le mépris, et d'abord le mépris social. Il croit qu'elle le hisse dans la cour des puissants. « Ils veulent me buter. Tous. Je suis arrivé trop haut trop vite. » Je lui propose du riz au lait. « J'adore ça. » Il repose la coupelle. Il ne peut rien avaler.

Bernard Tapie :

Plus fleur bleue tu meurs !

Personne ne m'avait dit que Bernard Tapie était un conseiller conjugal. « Lorsque t'as fait le tour de la planète trois fois, tu bandes moins à l'idée d'un week-end à Venise. Ça fait quarante-deux ans que je suis avec ma femme. C'est une question de volonté. A un moment donné, c'est un parti pris. Je n'ai pas besoin de me rassurer. Je sais que si je veux, je peux la tromper. Il faut avoir eu une vie sexuelle extrêmement productive avant. Moi, avant mon mariage, je te raconte pas... J'ai commencé à 15 ans. J'ai été un obsédé, un malade. Moche, grosse, grande, vieille, jeune, je ne faisais pas de différence. Pour moi, c'était le rapport qui comptait.

La qualité du rapport était le seul indice qui me donnait envie d'y retourner ou non. Je me donnais à fond dans tous les cas de figure. Avec Dominique, j'ai trouvé ce qui justifiait le fait de ne plus le faire. Quand j'étais en prison, j'ai eu mille occasions de vérifier que je ne m'étais pas trompé. Si je baisais avec une autre, j'aurais l'impression de quitter le château de Versailles pour aller avec ma pelle et mes râteaux construire une nouvelle maison. Au bout d'un moment, faire l'amour avec ta femme, c'est faire l'amour avec un être dont tu connais le moindre millimètre. C'est un instrument de musique dont tu connais tout. Tu ne risques plus de la vexer, de la blesser, de la rater. La plupart des mecs sont incapables de croire qu'on peut trouver une nana avec qui on fait toute sa vie. Tant pis pour eux. Il ne faut pas se barrer à la moindre chicane, il y a la chicane à passer. Oui, crois-moi petite, il y a la chicane à passer ! Parfois tu perds le désir, ça peut durer une semaine, un mois, un an, mais si tu ne vas pas voir ailleurs, ça revient. La passion disparaît, c'est vrai, mais moi je ne fais par ailleurs que des choses qui me passionnent. »

Notre Arsène Lupin national est tellement à ce qu'il dit que, quand il achève ce monologue crûment fleur bleue, il n'est plus assis sur le canapé en velours rouge sang de son grand salon ; il a mis les deux genoux à terre, devant la table basse sur laquelle vient d'être servi le thé. L'homme aux cils de travers – je viens de le remarquer – m'a conviée à son domicile parisien, rue des Saints-Pères, sous les dorures d'époque de son cher hôtel de Cavoye, celui que « Louis XIV avait fait pour sa maîtresse préférée », m'a-t-il précisé avec ravissement dès que je suis entrée. D'emblée, cette rencontre a été placée sous le signe du couple fidélité-infidélité.

On m'avait prévenue que le type était sympathique, cash, infernal, adorable, étonnant, insupportable, obsessionnel, vulgaire, mais c'est pire encore : il est captivant.

Pour croire ainsi à l'amour-toujours, faut-il croire en Dieu ? Ou bien une foi se substitue-t-elle à l'autre ? En me posant la question, je comprends que la réponse est évidente, concernant Tapie. Cet homme ne peut pas vouloir autre chose que tout. Tous les réconforts. Il me montre la grosse croix avec un christ en relief qui pend au bout de la chaîne qu'il porte sous son pull en cachemire bleu. Confirme : « Je crois en Dieu à mort ! Je suis complètement sûr. C'est fou comme on est sûr quand on y croit. Je lui parle tous les jours. » Pour lui, c'est donc fromage et dessert. Ceinture et bretelles. Ma femme et Dieu. Et maman, aussi. « Jusqu'à l'âge de 18 ans, quand j'avais une mauvaise note ou un chagrin, je faisais un câlin sur les genoux de ma maman. Là, quand j'ai un tourment, je mets ma tête sur les genoux de ma femme. »

Le Mur des lamentations de Pierre Moscovici

En ce 14 Kislev de l'année 5774, quand il déambule dans la vieille ville de Jérusalem sur le coup d'une heure du matin, Pierre Moscovici traîne une mélancolie très politique. Le ministre de l'Economie de François Hollande est arrivé quelques heures plus tôt dans les bagages de ce président qu'il ne sait pas comment prendre, mais alors pas du tout. Jamais Moscovici ne s'est moins départi de son petit air de Droopy, cette insatisfaction confinant à la tristesse, que depuis qu'il a rallié Hollande deux ans plus tôt. L'ancien strauss-kahnien ne se sent pas en sécurité. C'est son karma intellectuel qui veut ça, sa lucidité, aussi, il n'est jamais tout à fait rassuré, mais Hollande aggrave son tourment.

Non seulement le président n'a pas donné à celui qui fut son directeur de campagne le poste qu'il convoitait, les Affaires étrangères, mais en plus il ne lui a pas permis – ce que Moscovici eût pris comme un heureux lot de consolation – d'être le seul patron du ministère de l'Economie. Il lui a mis l'impossible Arnaud Montebourg dans les pattes, en laissant l'ancien avocat se prétendre co-patron de Bercy, du haut de son ministère du Redressement productif. Très vite, « les deux M. de Bercy » – ainsi les conseillers de l'Elysée les ont-ils surnommés – ont incarné deux lignes idéologiques opposées, deux visions économiques, deux tempéraments politiques, deux gauches, entre lesquelles Hollande a tout fait pour ne pas trancher. Au grand dam de Moscovici, qui pestait à chaque fois qu'on le voyait : « Arnaud est bruyant, mais sa ligne politique est vague et irréelle. La seule ligne politique qui existe, c'est la social-démocratie. »

Qu'est-ce qu'il s'est plaint de cette « cohabitation », dans sa barbe le plus souvent, mais parfois, par jour de grand courage ou de vif courroux, à haute voix dans le bureau de Hollande... Il faut dire que, médiatiquement, Montebourg-le-héros-gaucho-de-la-démondialisation a eu tôt fait de le reléguer au rôle de tenancier de la boutique sociale-libérale. Ce qui valut à Moscovici d'être traité de « salopard » par le secrétaire national du Parti de gauche François Delapierre et d'être accusé par Jean-Luc Mélenchon d'avoir « un comportement de quelqu'un qui ne pense plus en français, qui pense dans la langue de la finance internationale ». Sans compter ce qui fut le plus infamant aux yeux de l'ancien député du Doubs : le réquisitoire prononcé contre lui au moment de l'affaire Cahuzac par la droite et une partie de la presse, qui lui reprochèrent d'avoir protégé le délinquant fiscal. Le remplacement de Cahuzac au ministère du Budget par Bernard Cazeneuve, en mars 2013, accrut encore ses angoisses, convaincu qu'il était que le nouveau venu était « l'espion » (sic) de Hollande au cœur de Bercy. C'est peu dire que Moscovici se sent seul, pris en étau entre « un type incontrôlable qui est

le chouchou des médias » (Montebourg)
et « un fayot qui passe son temps dans
le bureau du président » (Cazeneuve).
Evidemment, il suspecte Hollande d'avoir
fait exprès de l'encercler.

C'est de cela qu'il me parle, quand
nous nous retrouvons, avec toute la délé-
gation, au bar du King David pour attendre
Hollande qui rencontrait je-ne-sais-plus-qui
– attendre le président est l'activité principale, lors d'un voyage officiel. Moscovici
n'a même pas un regard pour les remparts
de la belle Jérusalem. Afin de lui changer
les idées, je lui propose d'aller, après dîner,
devant le Mur des lamentations. Il hésite,
« Pourquoi pas ? Je n'y suis pas allé depuis
2000, c'était avec Jospin » ; j'insiste, je lui
fais valoir que le Kotel, de nuit, avec, en
arrière-plan, sur des chaises en fer noir,
des rabbins entourés de leurs disciples,
Torah en main, qui débattent jusqu'à se
houspiller, quand il prend à l'un l'envie
de contester l'exégèse d'un verset expo-
sée par l'autre, cela vaut le détour, qu'on
croie en Dieu ou pas. Moscovici ne croit
pas. « Je suis un Juif non croyant et non
pratiquant », dit-il.

Il accepte le pèlerinage. Arrivés devant le Mur, nous nous séparons, les hommes d'un côté, les femmes de l'autre. De loin, je l'aperçois qui glisse un papier entre deux pierres polies par les mains implorantes et le front baissé de tous ceux qui, avant lui, avaient déposé une prière, un vœu, une requête, une supplication, dans ces interstices sacrés.

Moscovici ne s'est pas éternisé. Plus tard, autour d'un verre, de Perrier en ce qui le concerne (« l'alcool n'est pas mon ami, m'explique-t-il, jamais de champagne, parfois un tout petit peu de vin »), il sort de son portefeuille un petit carton, à peine plus grand qu'une carte de visite, aux couleurs de la République française – ce sont d'ailleurs les deux seuls mots qui figurent sur ledit carton, sous le bleu blanc rouge. « C'est ça, que j'ai mis dans le Mur », me confie-t-il. « Vous avez écrit quelque chose dessus ? » je demande. « Non, juste ça. » Pause. « Dieu me comprendra. » Il assortit ces trois mots d'un petit sourire faussement nonchalant. Tout Moscovici est là : la pudeur, la prudence, la fierté, l'affliction, et cependant l'espoir, la foi dans... la République.

Le bar design de la Ville sainte dans lequel nous avons trouvé refuge ne parvient pas à chasser son spleen. Il est accablé par le mal que Hollande laisse dire de lui. Il n'ignore pas que Paris bruisse du désaveu dont il ferait l'objet. « Ça m'énerve beaucoup, ces rumeurs. » Et de répéter : « Ça m'énerve. » Je tente une diversion, le lance sur Manuel Valls, ne suis pas déçue : « On le compare à Sarkozy. Sarkozy, lui, est intelligent. Pas Manuel. » Il n'esquisse même pas un petit rire. Revient à son obsession : Hollande. Le mardi précédent (nous sommes un dimanche), il l'a sommé de clarifier les choses : « Pour faire le boulot dur et chiant, le boulot de chien que je fais, il faut de la confiance. Si tu ne me fais plus confiance, dis-le-moi. Je ne serai pas le bouc émissaire, tout ce que j'ai fait, on l'a fait ensemble. » Hollande n'a rien dit. Moscovici est sorti du bureau sans avoir réussi à lui arracher une réponse. Devant moi, ce soir-là, il laisse exploser les menaces qu'il a retenues devant Hollande. « S'il cède à la pression et me vire, ce sera dans un moment où il perdra de vue ce que sont ses intérêts. Je vois ce que je fais pour lui. Ce que je lui démerde. Je ne resterai pas silencieux », me jure-t-il, en essayant de donner un air méchant à ses fossettes. Je regarde ses yeux brûlant d'orgueil en me remémorant ce que m'avait confié Valls, lors d'un dîner place Beauvau, quelques mois plus tôt : « Pierre n'a jamais compris comment Hollande fonctionnait. Ils ont écrit un livre ensemble ; Pierre dit partout que c'est lui qui l'a écrit. Rien que ça, ça montre à quel point il ne comprend rien à Hollande. »

Décembre 2013

François Bayrou
à François Hollande :

*« Je n'ai que trois mots à te dire :
"Tu es mort" »*

« Hollande souffre d'une maladie : l'aboulie. L'incapacité de décider. Mon père, qui était un homme remarquablement intelligent, était comme ça. Il lui fallait six mois pour acheter un transistor parce qu'il comparait toutes les notices... » C'est ainsi que François Bayrou s'explique que François Hollande ait bafoué sa confiance. Dieu que cela le mortifie. Lorsque, à la veille de Noël 2013, je croise le centriste dans une loge de télévision – un lieu propice aux confidences furtives, à des jaillissements d'humour ou de courroux d'autant plus ciselés qu'ils sont forcément courts –, il n'est pas long à vider son sac. « J'ai risqué ma carrière pour lui, en disant que j'allais voter pour lui. Et il n'a rien fait. » Rien, dans la bouche de Bayrou, cela veut dire une chose : Hollande n'a pas instauré la proportionnelle. « Il aurait dû changer le mode de scrutin pour permettre que se créent dans le pays des ententes politiques plus larges que son parti. Chaque fois que je lui en ai parlé, j'étais certain de l'avoir convaincu. C'est Hollande, ça. Il ne parle pas avec les gens, il fait semblant. » Les rimes de la colère. « Il ne parle pas avec les gens, il fait semblant. » J'ai adoré cette formule. J'ai pensé à tous ces socialistes, y compris des « hollandais », qui m'avaient raconté, moins joliment, comment on était enclin, en sortant du bureau de Hollande, à prendre ses désirs pour des réalités. J'ai regardé Bayrou, qui n'en revenait toujours pas de s'être fait berner. Ce n'est pourtant pas si facile, d'apprendre à un vieux singe à faire la grimace. Qu'on le veuille ou non, Hollande a un don.

C'est peu dire que ce François-là ne pardonnera pas à l'autre de l'avoir ainsi méprisé. « Quand je l'ai vu en juin 2012, après ma défaite aux législatives, je lui ai dit : "Plus tard, c'est trop tard. Il faut que tu changes les règles dans les trois premiers mois." » Il l'a revu en novembre 2013. « Je n'ai que trois mots à te dire : "Tu es mort." » Bayrou n'est pas mécontent de me raconter son mauvais mot, ça le venge un peu, tiens : est-ce que je rêve ou il bombe le torse ? Le Béarnais a le corps fier, il a besoin de considération. L'humiliation infligée par Hollande lui est tellement insupportable qu'il tourne subitement les talons et s'apprête à quitter la loge.

Je le suis dans le couloir, je veux la fin de l'histoire.

« Comment Hollande a-t-il réagi, quand vous lui avez dit "Tu es mort" ? » je lui demande entre deux portes. Notre homme commence par faire mine de ne pas avoir le temps de répondre. J'insiste.

Bayrou cède : « Il a ri. »

Alain Finkielkraut :

L'émotion est un bouledogue. Ou bien un éléphant

Fink, Finkie, Finkielkraut. A chaque fois que je l'ai vu, notre *Juif imaginaire* a eu besoin de me dire et redire qu'il a « un nom imprononçable » pour mieux s'étonner, toujours avec le même ravissement, de ce que la France ait appris à le prononcer en entier. Ça enchante sa souffrance, d'avoir réussi à faire une place au cœur de la République à ce patronyme juif polonais. Il aurait tant aimé que ses parents voient l'entrée de « l'imprononçable » à l'Académie française. Il s'est convaincu qu'il avait accepté pour ça, et les sanglots l'étreignent. « On m'a tant de fois suggéré de le raccourcir, quand j'ai commencé à écrire…

Fink, Finkie... » Et il me raconte encore. Il est si ému, d'avoir gagné le droit d'être appelé Finkielkraut. Il ne sait pas trop comment on parle d'émotion. Si vous l'y poussez un peu, soudain les rides s'oublient et l'enfance surgit, la voix s'aiguise et devient gentiment capricieuse, et le sexagénaire-enfant joue à retrousser ses babines.

Le philosophe passé maître dans l'art (instinctif) de se prendre la tête dans les mains avec intensité, grommeler, appuyer son poing contre son front, se mettre en arrière de son fauteuil, revenir fébrilement vers l'avant, se frotter les yeux, hausser haut le sourcil – ça, c'est quand il écoute car lorsqu'il parle, ses mains plongent la tête la première dans la piscine de ses mots, les deux vont dans le même sens, en se touchant –, cède la place à celui que son père surnommait « bouledogue », quand il était petit. Ce mot-là, « bouledogue », a le don de mettre de bonne humeur l'homme qui pense avec les mains. Il est intarissable, sur les bouledogues. « J'aimerais bien avoir un bouledogue, il y en a des petits. Le bouledogue, il est boudeur, il est renfrogné, mais en même temps on voit qu'il a un bon fond. C'est brave, c'est gentil, un bouledogue. Je voudrais voyager en première classe dans l'avion, mais ça n'arrivera jamais. Les gens ont peur des bouledogues, donc ils n'essaient pas de les corrompre. » Il rit. Finkielkraut est un mec drôle mais il ne faut pas s'y méprendre : le bouledogue n'est pas une blague. « La mascotte de Georgetown, la prestigieuse université américaine, est un bouledogue. J'ai ramené des tee-shirts à la maison. Je mets mon bouledogue pour dormir. Je le mets aussi quand je fais mes cours de gym, deux fois par semaine, ça m'aide. » Afin de dissiper ce qui me restait d'incrédulité, il me montrera un de ces tee-shirts, il était troué de partout – dans le dos, sous les bras et sur les manches – à force d'avoir été lavé. Le chien à la mine patibulaire porte casquette, front plissé et bouche agressive. « Je suis un homme de conviction forte ! J'aime bien déconner mais ne me ridiculisez pas. Je n'y peux rien, mais c'est vrai que le bouledogue ça compte, de quelque manière que je le tourne. » Il rit, parce que le rire est la plus efficace des ponctuations – on y met et y entend ce que l'on veut.

Le bouledogue, c'est l'émotion. L'émotion est un bouledogue. Ou bien un éléphant. « L'éléphant, c'est premier ex-æquo avec le bouledogue », m'expliqua-t-il sans rire, cette fois, lors d'un déjeuner dans un restaurant italien, au tout début de janvier 2014. Il devait partir quelques semaines plus tard en Afrique du Sud pour les vacances. « Je vais commencer par les éléphants. L'éléphant est l'animal le plus juif de la terre, vieux comme le monde. Comme Romain Gary, je suis effrayé par la disparition des éléphants. Mon allergie aux oiseaux est hitchcockienne, je ne peux pas supporter leur regard fixe. J'ai très vite compris que les ours n'étaient pas à la hauteur de leur légende. C'est un animal méchant. L'ours m'a vite déçu alors que l'éléphant ne m'a jamais déçu. »

Quand il revint d'Afrique du Sud, il était bouleversé, il avait fait le safari du petit matin, le safari de l'après-midi, encore et encore : « C'était extraordinaire. Le lion à un mètre de vous, ce n'est pas l'image du lion. Aucun film ne peut amortir le choc. Malgré les braconniers, les animaux se sentent très tranquilles. La peur de l'homme n'existe pas. Les lions qui vous fixent. La totale léthargie des hippopotames. Les éléphants sont majestueux, extraordinairement beaux. Les buffles, les girafes. On se tait. On est comme gagné par leur silence. On est chez eux. C'est le seul lieu où le droit de cité des animaux sur la terre l'emporte sur l'occupation humaine. Tout d'un coup, c'est l'altérité. L'homme rencontre l'autre. On est vraiment allégé de son humanité. Dépossédé de cette espèce de magistrature humaine qui fait que l'homme ne rencontre que lui-même. Là, le monde ne nous appartient pas. J'ai été ébloui. Littéralement. » Il fallait voir ses yeux, ce jour-là. L'adulte mettait des mots et des concepts sur le tremblement de l'âme de l'enfant.

Quand ce dernier a dû s'inventer une épée immortelle – d'académicien, s'il vous plaît –, il a d'abord pensé faire ciseler un éléphant sur la chape. Puis il a jugé que c'était « trop exotique ». Aussi a-t-il choisi « un animal bien de chez nous, un animal identitaire » : la vache. Une vache laitière. « J'ai demandé que ce soit la vache la plus placide qui soit. Une bonne grosse vache

normande. » Le 18 janvier 2016, il a surpris
le beau monde parisien qui se tenait serré
au rez-de-chaussée du Centre national du
livre pour assister à la remise de ladite épée,
en exaltant « la danse des vaches ». « C'est
tellement poétique ! » le félicita Yasmina
Reza, à la fin de son discours. Ce n'est pas
la première fois que le philosophe « fond
de tendresse », comme il dit, en évoquant
« la danse des vaches ». Quand il s'y est
essayé sur le plateau du « Grand Journal »
de Canal +, le 18 septembre 2014, cela lui a
valu une pluie de sarcasmes. Nul n'a relevé
que c'est le petit garçon qui s'exaltait de
voir les vaches « gambader comme des
petites filles » (sic).

L'écrivain, lui, cite Nietzsche, pour rappeler « les vertus de la rumination ». « La
vache, c'est ma réponse à la bêtise de
l'intelligence. » Finkielkraut se prend pour
un ruminant. « Je suis sûr que j'ai un QI
bas de plafond, m'a-t-il déclaré. Je n'ai
jamais fait le test. Plutôt mourir ! Je pense
que je n'arrive pas à 100. J'ai mes obses-
sions. Je suis lent. Je suis intelligent comme
une vache. » Voilà, c'est dit. Le choix de
ce totem n'en est pas moins bizaaaarre,

comme dirait Modiano. Le ruminant est aussi une figure du... ressentiment. Peut-être notre vachophile national a-t-il voulu rendre justice, sans le dire, à ses chers ressentiments. Car il mastique ses haines jusqu'à l'obsession. Etait-ce une façon d'en faire l'aveu ?

Et puis la vache, ce n'est pas seulement la lenteur et la rancœur ; c'est Heidegger : la bouse, la haine de la technique, l'urbi-phobie et toutes ces valeurs délicieusement crottées dont, même s'il livre une guerre perdue contre la technologie, le citadin Finkielkraut n'est pas exactement l'éten-dard. Certes, il n'a pas cité Heidegger, mais tout de même... !

En fait, la vache nous renseigne sur une chose (secrète) qui me réjouit : Finkielkraut préfère la littérature à la philosophie. Ce qui compte pour lui, c'est la cohérence métaphorique. De ce point de vue, il est parfait. Résumons : bougon comme un bouledogue ; juif comme un éléphant ; lent comme une vache. Ainsi se vit-il. Ça vous pose son homme. Finkielkraut au milieu de son bestiaire, c'est un poème. Nulle ironie dans ces lignes. J'ai aimé Finkielkraut à l'instant même où il a commencé à me parler du bouledogue – une discussion désormais sans fin.

Jusqu'alors, j'avais de l'empathie pour le courage torturé de celui pour qui la France et le français, Madame sa langue maternelle, ne seront jamais aussi beaux qu'ils le furent dans les livres de l'enfance, et donc dans son *Cœur intelligent* pour toujours.

Jusqu'alors, je ne comprenais pas comment il pouvait s'être laissé aller à éprouver de l'affection pour Renaud Camus, « un écrivain merveilleux qui pense des choses justes dans une langue somptueuse », selon lui. « Il m'a écrit des lettres magnifiques quand j'étais malade. Une vraie inquiétude transpirait », m'expliqua-t-il, avant de me lire une missive où Camus fait état d'une « impression d'intimité fraternelle ». « Nos rêveries malheureuses et parfois enthousiastes hantent souvent, s'il n'est pas présomptueux de ma part de le dire, les mêmes chemins à travers les mêmes campagnes désolées ou splendides », lui écrit notamment l'auteur du *Grand Remplacement*. Et Finkielkraut de conclure : « Je crois que son amitié est réelle. » Il vide d'un trait la fin de

son verre – un cocktail vodka-concombre.
« J'ai besoin de Renaud Camus. Si je le cite,
c'est pour acquitter ma dette. La seule chose
du Talmud que je connaisse est la suivante :
"L'homme qui énonce une vérité en citant
son auteur accélère la venue du Messie."
Voyez, j'accélère la venue du Messie en
citant Renaud Camus. » Je ne relève pas la
provocation, le relance. « Je ne supporte
pas l'abandon méprisant dans lequel il est
laissé. Son antisémitisme est un fantasme. »
S'est-il jamais demandé s'il était le bon Juif
de Renaud Camus ? « Je n'ai pas senti du
tout que c'était une composante de notre
amitié. Notre relation peut avoir modifié
l'idée qu'il pouvait se faire du rapport des
Juifs à la France. » Dans ce cas, se pourrait-il
que Camus soit son bon antisémite ? « Ah
non pas du tout ! Il n'y a pas de bon antisémite pour moi. Aujourd'hui, l'antisémitisme et la francophobie sont exprimés par
les mêmes gens. » Il passe la main dans ses
cheveux. « Ce qui m'inquiète, c'est que
n'ayant pas la reconnaissance littéraire qu'il
mérite, il trouve une compensation dans
l'activisme politique. Il est entraîné par la
force de son inquiétude vers une radicalité

sans limite. Parce que c'est un politique et qu'il veut des solutions. S'il s'en était tenu au désespoir, ç'aurait été différent. » Finkielkraut, lui, approfondit chaque jour davantage son désespoir. « Je n'appellerai jamais à voter Marine Le Pen. » Pourquoi ? « Je suis allergique à la hargne. » J'insiste. « Il est possible que ce soit ma concession à l'air du temps. J'ai peut-être intériorisé que celui qui dit qu'il veut voter pour elle est mort. Je ne veux pas mourir. »

Le jour venu, il rêve que les morts qui l'habitent le reconnaissent. « Si j'ai une utopie, c'est celle-là. Que tout d'un coup, Péguy me serre la main en me disant : "C'était pas mal." Que Madame de Lafayette me dise : "Vous avez tout compris." »

Je suis sûre qu'il saurait les convaincre de regarder danser les vaches avec lui.

Octobre 2014

Julien Dray :

« Je suis quoi pour Hollande ? »

Je me souviens, comme d'une photo que j'aurais prise, des yeux de Julien Dray tristement rivés sur la nappe en coton blanc.

Ce jour-là, je déjeune dans un restaurant italien – c'est fou ce que l'on avale, dans ce livre, et plus largement dans ce métier : il faut être prêt à passer à table, au propre comme au figuré... – avec cette grande gueule intelligente et torturée du PS dont la raison sociale et politique principale est d'être « l'ami de François Hollande », comme disent les journalistes. Ce statut, voilà bien le problème. « Je ne sais pas quelle est la relation de François avec moi. Il faudrait que je lui demande... », me déclare-t-il avant que j'aie eu le temps de choisir mon plat de pâtes. Waouh. Il va tout de suite dans le dur. Et le douloureux.

Je n'ose pas le regarder trop fort, il m'a toujours fait un peu peur, ce gros affectif terriblement cérébral, volontiers agressif, je n'ai jamais su comment le prendre, et puis il est timide, derrière ses airs de dur à cuire, or je ne veux surtout pas qu'il se ravise. « François, il est habile dans la gestion humaine. Quand il sent que t'es en colère, il fait des petits signes. La question que je me pose : Je suis quoi pour lui ? Je n'ai pas la réponse. Suis-je un ami ? Doit-il gérer un mec qui a un pouvoir de nuisance ? Ça commence à me courir... » Je meurs d'envie de l'interrompre. Je me mords les lèvres. Le sent-il ? Ses yeux fixent toujours la table. « Est-ce qu'il me fait payer 2007 et mon soutien à Ségolène ? Je vois la bande de minables qui travaillent autour de lui, ils ne font pas ce qu'il faut faire. Il veut peut-être se venger de 2007. Sans me le dire. Le moment est venu de clarifier la nature de nos relations. Ça fait plusieurs mois que je sens que ce n'est pas clair. Parfois je l'appelle à plusieurs reprises et il disparaît. Le coup que j'ai fait pour les primaires (ndlr : le 14 avril 2014, il a affirmé avant tout le monde sur BFMTV-RMC être « plutôt favorable à ce qu'il y ait une désignation démocratique. Je ne vois pas pourquoi on sauterait par-dessus en disant : il y a une sorte de plébis-cite. Il y aura débat »), je l'ai fait parce qu'il m'avait énervé en mettant Jean-Christophe Cambadélis à la tête du parti. Il a paniqué à mort. Il m'a envoyé un SMS, "Faudrait peut-être qu'on se voie". On s'est vus. »

Il fait tinter un petit rire malheureux. J'en profite : « Lui avez-vous dit que vous étiez blessé parce qu'il ne vous avait pas choisi, vous, pour être le patron du PS ?

— Non. J'aurais dû lui demander pour-quoi il ne m'avait pas mis moi. Je ne l'ai pas fait. Oui, j'aurais aimé prendre le parti. Mais je ne l'ai pas demandé. Je me suis contenté de dire pourquoi Camba était un mauvais choix.

— Votre orgueil lui a donc laissé la possibilité de faire comme s'il n'avait pas compris...

— Oui...

— Lui avez-vous demandé pourquoi il ne vous avait pas nommé ministre ?

— Non. En 2012, c'est à cause de Valérie Trierweiler. Et lui, il a été faible comme d'habitude. Là, il m'a proposé d'être tête de liste aux européennes, j'ai dit non.

— Il ne peut pas ignorer que vous avez toujours rêvé d'être ministre de l'Intérieur...

— Groumpf...

— L'affaire des montres ne vous a pas aidé... »

Il redresse le menton, braque sur moi des sourcils catégoriques :

« L'argument des montres ? Un prétexte ! »

Je suis prête à jurer qu'il y croit. Il replonge les yeux dans le blanc de la nappe.

Dray a toujours mille tourments d'avance sur le reste du monde mais, d'ordinaire, son sens rugueux de la manipulation vous désarme avant que vous ayez pu finir de poser votre première question. Je ne compte pas, lors d'entrevues précédentes, le nombre de soupirs affligés qu'il m'a opposés pour me faire comprendre que vraiment ce que je lui demandais n'avait aucun intérêt. Il n'hésite pas à vous morigéner en guise d'entrée en matière. A

croire que c'est une technique de déstabi-
lisation. Je me suis souvent demandé si ce
virtuose de la politique avait appris ça chez
les trotskistes. Car c'est efficace : ça permet
de ne dire que ce que l'on veut sans pour
autant avoir l'air de se dérober.

Pourquoi en va-t-il différemment ce
jour-là ? Pourquoi me prend-il à témoin de
ses états d'âme ? Peut-être a-t-il senti que
j'étais travaillée par les miens. Peut-être ma
faiblesse a-t-elle autorisé la sienne. A moins
qu'il ne m'ait parlé pour une raison plus
simple encore : parce que je ne lui ai rien
demandé.

Novembre 2014

Quand Sarkozy
donne une leçon à Juppé...

Il est des scènes qui en disent plus long que des confidences, et ce n'est pas faute d'aimer ces dernières. Mais une scène, c'est un défi : vous ne pouvez pas interrompre l'action pour poser des questions aux personnages. Une scène, ça s'embrasse et se contemple en silence. Ce n'est même pas une question de parti pris, c'est plus physique que cela : c'est une affaire d'éclairage. Tout dépend de comment et sur quoi vous braquez la lumière.

La scène qui suit s'est déroulée en public, le samedi 22 novembre 2014, dans un hangar du quai des Chartrons, à Bordeaux. Elle a été relatée dans les journaux comme un épisode parmi d'autres de la compétition historique entre Alain Juppé et Nicolas Sarkozy. Mais elle n'a pas été regardée pour ce qu'elle est à mes yeux : une leçon.

Sarkozy, alors en campagne pour la présidence de l'UMP, tenait un meeting dans la ville de Juppé. Il n'avait pas choisi Bordeaux par hasard, il voulait obliger son maire à lui tenir la chandelle. Ce que Juppé entendait éviter à tout prix. Il avait d'abord tenté de se défiler, mais Sarkozy avait proposé de s'adapter à son calendrier, Juppé s'était donc retrouvé coincé. Contraint d'accueillir son meilleur ennemi. Et d'assister à son show. Je n'allais pas manquer ça.

Je n'ai pas regretté d'avoir fait le déplacement.

En première partie, pour chauffer la salle, nous avons eu droit aux pitreries d'Yves Foulon, le sarkozyste local, député-maire UMP d'Arcachon. « Bravo à Alain Juppé, mais aujourd'hui, celui que nous attendons, c'est Nicolas Sarkozy, une ovation pour Nicolas Sarkozy. Tu as été, Nicolas, un président extraordinaire. » Tout est dans le « mais »...

A 16 heures, le même Foulon prend sa meilleure voix pour appeler sur la scène les acteurs du spectacle du jour : « J'ai le plaisir d'accueillir à Bordeaux Nicolas Sarkozy et Alain Juppé. » Applaudissements des militants.

Ils n'arrivent pas.

« Alors ils vont arriver ! » reprend Foulon en forçant son sourire. « Alors les voilà ! » promet-il avec un entrain surjoué. Toujours pas. Surtout, ne pas paraître décontenancé. « C'est le meilleur, le temps d'attente », poursuit-il pour dire quelque chose. « Ils arrivent ! » On dirait un mauvais sketch. Le pauvre Foulon dans le rôle du bouffon. Et il le prend très à cœur, ce rôle : « Ils sont en train d'arriver, ils se dirigent vers nous, nous allons les avoir, tous les deux, main dans la main, dans moins d'une minute. » A trop en faire, on court le risque de sombrer dans le ridicule le plus achevé. On y était. « Main dans la main », il a dit. On les imaginait, Juppé et Sarkozy au pays des Bisounours, arriver amoureusement. Et on avait envie de pouffer. Evidemment, ce ne serait pas le cas. Et cela ferait d'autant plus ressortir, par contraste, le malaise. L'emphase de Foulon n'était pas seulement risible ; elle était contre-productive.

« Nicolas Sarkozy à Bordeaux accueilli par Alain Juppé, mes chers amis, une ovation. » Cette fois, ils arrivent vraiment. Ils ne se touchent pas. Pas du tout.

Electricité dans l'assistance.

Et là, des sifflets visent Juppé. Les deux hommes marchent côte à côte vers l'avant de l'estrade. A cet instant – mais est-ce une vue de l'esprit ? – j'ai eu l'impression que Sarkozy avait rallongé de contentement et Juppé rétréci sous l'effet de la rage. Le premier met alors le bras derrière le deuxième. Qui évite l'accolade en fonçant vers le pupitre. Il est blême.

« Cher Nicolas, bienvenue à Bordeaux. » Fusent de fervents « Nicolas, Nicolas ». Juppé se momifie.

« Je suis plus que jamais convaincu qu'il faut un large rassemblement de la droite et du centre. » Des cris résonnent. « Hou ! Hou ! » Ces huées qui feront l'ouverture des journaux télévisés de 20 heures et qui ont redoublé quand l'ancien Premier ministre a ajouté qu'il fallait « préparer une primaire ouverte ». « Nicolas, Nicolas », répliquent une poignée de militants. Juppé est tendu comme un ressort qui ne veut pas lâcher :

« Vous me connaissez, je ne suis pas du genre à me laisser impressionner par des mouvements de foule. Nous aurons des primaires ouvertes. » Des « Non ! » déchirent le public. Assis comme Foulon sur un petit fauteuil en similicuir, non loin du pupitre, Sarkozy opine.

Après ce mini-discours verglacé, Juppé descend prestement de la scène et va s'asseoir au premier rang, entre Michèle Alliot-Marie et Nathalie Kosciusko-Morizet. Sarkozy lui succède derrière le pupitre. Aussi réjoui que Juppé était marbré. « J'ai voulu venir à Bordeaux, j'ai appelé Alain Juppé. Alain et moi nous nous sommes rencontrés, pardon de le rappeler Alain, en 1975. Ça ne se voit pas physiquement... » On ne saurait mieux dire que Juppé n'est plus tout jeune.

« Pour notre famille politique, avoir un homme de la qualité d'Alain Juppé, c'est un atout, ce n'est pas un problème. » Le fait même de le dire est une perfidie.

« J'aurai besoin de vous tous, et notamment de toi, Alain, ta place est avec nous. » Ce qui est une façon de se situer au-dessus.

Quelques minutes plus tard : « Comment voulez-vous qu'on nous fasse confiance, si moi venant à Bordeaux, Alain ne m'accueille pas ? Ou si je dis : "J'irai partout sauf à Bordeaux" ? » Il faut voir comment ça l'amuse, de décrire l'air de rien le piège qu'il a tendu à Juppé. Il fait des clins d'œil. La salle rit.

« Vous savez, Alain s'en souvient, j'ai eu droit à des sifflets dans ma famille politique. On les a sentis, quand on est entré avec Alain. C'est ça, la vie. » Au cas où quelqu'un n'aurait pas entendu les huées contre Juppé à leur arrivée... Ô la vilaine compassion.

« Au moment des primaires, ça va être tellement bon de pouvoir débattre. » Ce disant, un sourire gourmand barre le visage de Sarkozy. Il ferme ses poings et les lève. Il aime l'odeur de la poudre.

A 17 h 13 retentit *la Marseillaise*. Juppé est le dernier à monter sur la scène. Il s'ingénie à éviter de se retrouver à côté de Sarkozy, atterrit près de Michèle Alliot-Marie, Nathalie Kosciusko-Morizet et Laurent Wauquiez. A la fin, alors qu'il s'apprête à descendre, il se ravise, va vers Sarkozy, qui a la main en l'air en signe d'énergie et de victoire ; Juppé se penche vers lui, tête un tout petit peu baissée et main tendue, « Nicolas, je vais y aller », ils se serrent la main quelques instants sur le devant de la scène, puis Juppé s'en va, puis il revient, il retend la main ! On se pince. Décidément, ce sera clowneries et compagnie jusqu'au bout.

Le plus cocasse, c'est que les photographes, que je suis allée voir à l'issue du « spectacle », étaient désappointés : aucun d'eux, m'ont-ils dit, n'avait réussi à faire une photo où Juppé n'ait pas l'air crispé.

Sarkozy ne l'a pas conçu ainsi, mais, en lui faisant vivre ça – l'enfer... – deux ans presque jour pour jour avant la primaire, il a rendu un vrai service à Juppé. Pour peu, bien sûr, que ça serve de leçon. Si l'on veut battre Sarkozy, il ne faut pas fuir le corps à corps. Et encore moins lui laisser le monopole de la gourmandise. Il faut y mettre de la malice. Parce que, dans la baston, Sarkozy prend du plaisir.

Depuis qu'il a quitté sa retraite d'ancien président pour se remettre sur le devant de la scène politique, fin septembre 2014, il a rarement eu l'air d'en prendre, du plaisir. Il a paru souvent énervé, parfois détaché, la plupart du temps mécanique, usant des vieilles ficelles mais sans le succès de naguère, comme si la machine à gagner était cassée, tandis que, dans le même temps, Juppé n'avait besoin de rien dire – avait même peut-être besoin de ne rien dire – pour être porté au firmament des sondages.

Je crois que la seule fois où j'ai trouvé Sarkozy vraiment bon, depuis son retour, c'est ce samedi-là. Parce qu'il était sur un ring en présence de son rival. L'adversité le rend souple, cabot, animal... Pour lui, « quand on se met sur la gueule, on s'amuse ». Et lorsqu'il s'amuse, il est à son meilleur.

La chance de Juppé, c'est que Sarkozy ne s'amuse plus beaucoup.

Jean-Louis Debré :

« J'ai honte honte honte ! »

Jean-Louis Debré est « désespéré » – c'est son mot. En cette veille de Noël où il me reçoit à déjeuner dans l'exquise salle à manger de son cher Conseil constitutionnel, le président de la plus haute juridiction de la République ne cherche même pas à cacher son malaise. « Je vis un drame », déclare-t-il en triturant ses lunettes. Qu'est-ce à dire ? On le croyait heureux, notre Jean-Louis national, il avait réussi à se faire un prénom, une légitimité, une utilité, il n'était plus seulement le fils de Michel, le frère de Bernard-le-grand-médecin, l'éternel lieutenant de Jacques Chirac, il était devenu le patron reconnu de la plus puissante des institutions de la République, celle qui a le pouvoir de défaire les lois (mal) ficelées par la droite comme par la gauche, celle par les fenêtres de laquelle on peut contempler, ô privilège délectable, le jardin du Palais-Royal... A tout cela il semblait prendre du plaisir. C'est ce qu'on pensait. Jusqu'à ce déjeuner.

« Je suis frappé par l'incompétence. Il y a toujours eu de l'incompétence dans la classe politique, mais là, ça atteint un niveau inédit. Quelle légèreté ! Prenez la dernière émission de télévision (ndlr : le 6 novembre 2014, sur TF1) : le président de la République regarde les Français droit dans les yeux et leur dit qu'il n'y aura pas d'augmentation d'impôts, alors que j'ai devant moi les textes en préparation et qu'il y a des augmentations d'impôts... D'habitude un président ne dit rien, il laisse le gouvernement porter la responsabilité. Le lendemain, le secrétaire d'Etat au Budget, le dénommé Eckert, dit l'inverse du chef de l'Etat. C'est désespérant. Moi, ça me fait pleurer. Où est-on ? » Pause. « C'est encore plus désespérant quand on voit que le secrétaire d'Etat en question n'a pas été démissionné dans le quart d'heure... Les autres présidents de la République n'étaient pas plus vertueux, mais ils savaient faire. Là, on ne sait pas faire. Ce sont des apprentis sorciers. C'est comme cette histoire de photos prises dans le jardin de l'Elysée (ndlr : le magazine *Voici* a publié le 21 novembre 2014 des clichés du président et de l'actrice Julie Gayet dans le jardin du Palais). Je n'ai jamais vu qu'on prenne des photos dans le jardin de l'Elysée. C'est une vraie déliquescence ! Chirac n'était pas un modèle en tout, mais un truc comme ça, les mecs soupçonnés étaient virés. Hollande est un optimiste béat, il pense toujours que tout s'arrangera. »

Debré ne dira toutefois pas un mot de travers contre Hollande. Pas parce qu'il se l'interdit, mais parce qu'il n'en pense pas. C'est bien ça, son « drame » : il est d'autant plus consterné par la situation qu'il aime beaucoup Hollande. Il ne s'en cache pas, du reste : « En tant que président du Conseil, j'ai connu trois présidents : Chirac, il était en fin de course. Sarkozy, ce fut un calvaire de violence et d'agressivité. Hollande, c'est un bonheur de l'avoir. Un bonheur. » Et son visage s'éclaire d'un sourire franc. « Il m'aime bien, je l'aime bien. Il est intelligent, sympathique, courtois, drôle, respectueux des institutions… » N'en jetez plus ! S'il l'aime autant, lui a-t-il fait part de son inquiétude, ne serait-ce que pour son bien ? « Je n'ai pas de complaisance à son endroit. Je lui ai dit des choses. La dernière fois que je l'ai vu, en juin, je lui ai exposé mes craintes : "Il y a la décadence de la gauche, l'incapacité de la droite, je crains beaucoup que tu ne sois pas au second tour, qu'on ait un duel Sarkozy-Marine Le Pen. Or Sarkozy n'est pas Chirac, et Marine n'est pas Jean-Marie. Vous aurez des gens à gauche qui ne voteront jamais Sarkozy. Marine Le Pen va faire un très gros score, voire pire." Voilà ce que je lui ai dit. » Et que lui a répondu Hollande ? « Rien. Il n'a rien répondu. »

Pour se donner du courage, Debré fait un sort au carpaccio de Saint-Jacques qui lui fait face. « Il y a deux ou trois mois, raconte-t-il, Anne Hidalgo est venue dîner ici avec son mari. Jean-Marc Germain (ndlr : député PS des Hauts-de-Seine qui fait partie des « frondeurs ») s'est livré à un réquisitoire contre Hollande d'une violence plus folle encore que celle de Mélenchon. J'étais très ennuyé. C'est comme lorsque Cécile Duflot a déjeuné avec moi, avant de quitter le gouvernement. Elle n'avait pas fini l'entrée que déjà elle accablait Hollande, "il est nul, il ne décide pas". Je lui ai dit : "Je crois qu'on va arrêter le déjeuner avant la fin." »

Sacré Debré ! Plus aucun socialiste n'a de tels égards pour Hollande. Il y met un point d'honneur : lui présent, le crime de lèse-Hollande ne sera pas toléré, foi de président du Conseil constitutionnel ! Le même n'a pas cette délicatesse amicale et républicaine dès lors qu'il s'agit de Nicolas Sarkozy. Au contraire... « Un voyou, un gamin », dit-il. Il place de l'espoir en Juppé, « le seul qui peut rivaliser avec Sarkozy. Le problème d'Alain, c'est ça qui m'inquiète, c'est que ce n'est pas un homme de réseau, c'est un enfant gâté. Je ne suis pas sûr qu'il ait la niaque qu'avait Chirac. Il faut une rage de gagner. Sarkozy, on peut tout lui reprocher, et je lui reproche tout, mais c'est un combattant, il sait ce qu'est une campagne électorale. »

Ce n'est pas parce qu'il le déteste qu'il le sous-estime. « Sarkozy est fort. » Au cas où l'on n'aurait pas entendu, il réitère son diagnostic : « Il est fort. » Certes. Mais les affaires ne peuvent-elles l'empêcher ? « Il va s'en sortir, ils n'arriveront pas à prouver quoi que ce soit. » On sent qu'il le regrette. « Il va y avoir du bordel médiatique mais je ne sens pas que ça se traduise par de l'inéligibilité », me disait-il à cette même table le 8 juillet 2014 avant de prophétiser : « Si tout ça se termine en eau de boudin, Sarkozy est président de la République. »

Cinq mois plus tard, il n'est pas moins inquiet. Quand arrive le dessert au chocolat, notre hôte conclut : « Je me retiens de crier mon indignation. Entre Nicolas Sarkozy qui donne des conférences payées au Qatar pour expliquer comment on gère un pays – ce qu'il n'a pas été capable de faire – et Valérie Trierweiler qui est en tournée mondiale de Hollande-bashing ! Je disais à un copain : "On devrait les marier tous les deux." Voilà où nous en sommes. J'ai honte honte honte ! » Trois fois sinon rien. Il jette sa serviette sur la table : « Ça me coupe le souffle. »

« Sous les cerisiers » avec DSK !

C'est un jeudi d'hiver bleu glacé. Je déjeune avec une amie journaliste « Sous les cerisiers », un restaurant japonais près de Montparnasse. A peine avons-nous commandé nos bentos que Dominique Strauss-Kahn passe la porte.

On le croyait à Lille. Voilà presque trois semaines qu'il est devenu le « Sardanapale » – dixit Maître Daoud, l'avocat d'une des parties civiles – du tribunal correctionnel de la ville de Martine Aubry. Le lendemain, 20 février 2015, c'est le dernier jour d'audience du procès du Carlton. Ses avocats, qui se sont succédé à la barre la veille, ont dû lui donner sa journée. Etait-ce bien raisonnable ?

L'homme voûté le plus célèbre de la République n'a pas réservé, il vient s'asseoir à notre gauche. Bientôt il sera rejoint par un ami. Leur table est séparée de la nôtre par une fine cloison qui nous protège des regards.

Il se tient bien tant que nous sommes derrière ladite cloison. Mais à la fin du repas, quand il nous faut nous mettre à découvert le temps de récupérer nos manteaux, il nous entreprend : « Vous venez souvent ici ? » On n'a pas répondu que déjà il embraye : « C'est ici qu'il faut venir, si on veut vous revoir tranquillement ? »

Si encore il ne nous connaissait pas... Si encore il ne savait pas que nous sommes journalistes – faisant des chroniques sur lui, qui plus est, et pas plus tard que la veille. Si encore il ne venait pas d'endurer quatre années d'infamie sous le feu des accusations de crimes sexuels.

Il ne changera jamais.

De toute façon, il ne voit pas où est le mal. Il n'a pas besoin de forcer sa nature pour s'indigner des procès, forcément mauvais, qui lui sont faits. En toutes matières – sexuelles, humaines ou pécuniaires. Il n'est que de voir comment, le 30 octobre 2014, il s'est expliqué en une du *Parisien* après le suicide de son associé, Thierry Leyne. Sa communication obéit à une règle d'or : ne sortir du silence que pour se proclamer victime. Depuis le drame du Sofitel, cette fameuse nuit du 14 au 15 mai 2011, les très rares fois où l'homme qui a failli être président de la République s'est exprimé publiquement, ce fut pour nous raconter qu'il était une oie blanche. Il le fait plutôt bien, du reste. C'est ça qui est intéressant. Dans l'ordre, si on l'en croit, il a été piégé par Nafissatou Diallo, victime d'un complot politique puis d'une « traque médiatique » – c'est son expression –, berné par Marcela Iacub, manipulé par Thierry Leyne.

L'interview du *Parisien*, qui est le seul entretien question-réponse formel que DSK ait donné dans la presse française depuis la nuit du Sofitel, mériterait d'être présentée comme un modèle aux étudiants en communication de crise. Que dit DSK ? Que la stratégie d'emprunts de Leyne lui « est apparue » (sic). Il n'emploie que des tournures passives ou des expressions qui le mettent à distance : « D'après ce que je comprends » ; ou encore « pas à ma connaissance ». « Je précise, insiste-t-il, que j'étais président non exécutif de LSK. Je n'étais absolument pas en charge de toute la partie gestion d'actifs. » On ne saurait mieux se défausser. « C'est Thierry Leyne qui gérait la société », dit-il. Et ce Leyne, il le connaissait « depuis peu de temps ».

Bref, il ne savait rien, il n'y est pour rien... Sa stratégie a un objectif principal, se dédouaner. Et un objectif secondaire, ne pas passer pour trop riche. DSK ne répond pas quand on lui demande combien d'argent il a perdu. Il ne donne pas de montant, surtout pas. Lui qui, aux yeux de l'opinion française et internationale, est une surface de projection de fantasmes de toute-puissance – la toute-puissance du sexe et celle de l'argent – cherche à nous raconter une histoire de monsieur-tout-le-monde qui s'est fait berner. Pour un peu, ce serait convaincant...

Si on ne se laisse pas complètement prendre, c'est qu'il y a une concurrence de deux messages : côté pile, la victime ; côté face, le wonder-boy-content-de-lui. D'un DSK l'autre.

« Mon ami Dominique a une telle image de lui-même qu'il n'imagine pas qu'il lui faille payer pour avoir une fille. Il n'imagine pas non plus que quelqu'un doive payer pour lui, nous a confié l'ancien ministre Jérôme Cahuzac. Sa théorie est la suivante : "80 % des femmes ne veulent pas de moi, j'en dégoûte 10 %, j'en fascine 10 %." Voilà ce qu'il dit. Et il ajoute : "10 %, ça fait beaucoup de filles." » Suffisamment pour qu'il soit content de lui. Et il l'est. Même ses proches s'étonnent de constater qu'il semble vivre très bien sans la politique et sans sa chère Anne Sinclair. En rajoute-t-il pour la galerie ? On l'a vu parader sur le tapis rouge de Cannes avec sa nouvelle compagne, Myriam L'Aouffir, en mai 2013 – il montait les marches pour la projection d'un film au titre provocant, *Only Lovers Left Alive* ; en mai 2014 il a donné une leçon d'économie sur France 2 dans un documentaire sur l'euro ; ces temps-ci il propose à tous ses copains – et les copains des copains – de les héberger dans la maison

pleine de vitres et de modernité qu'il s'est
fait construire à Marrakech.

« Sous les cerisiers », il n'avait pas la
mine abîmée d'un homme qui sort tout
juste de l'enfer – judiciaire et médiatique.
Une mollesse tranquille luisait dans son
regard.

Je préfère quand il a l'air fier. Comment
oublier ses yeux qui tinrent tête au monde
entier, deux billes noires de colère sous
une barre de sourcils froncés, lors du
fameux « perp walk » où il est apparu les
mains menottées dans le dos et flanqué
de policiers, à sa sortie du commissariat
de Brooklyn ? De même quand, devant
le premier tribunal, il fit face le menton
haut à la juge qui refusa sa libération
sous caution, il ne proféra pas un râle,
pas un mot, à l'instant où elle annonça
cette décision qui l'envoyait derrière les
barreaux de Rikers Island. La gravité des
circonstances l'avait débarrassé de son
dandysme. Oui, définitivement, je préfère
ce DSK-là.

Il a répété : « C'est ici qu'il faut venir, si
on veut vous revoir tranquillement ?

— Vous devriez vous reposer ! Bon courage et bonne journée ! »

Et lui, souriant sans gêne et sans reproche : « Cette journée est belle grâce à vous ! J'aime beaucoup votre jupe. »

Jérôme Cahuzac :

« *J'ai vraiment adoré la vie* »

Il a fallu le rassurer, et à deux reprises, sur le fait que le restaurant que j'avais choisi était « vraiment très discret ». Il est arrivé avant moi, a choisi la salle tout au fond, la table la moins visible, près du mur, s'est assis sur la chaise lui permettant de tourner le dos à la pièce pourtant vide.

« Pardon, vous devez me prendre pour un parano. Mais si vous vous promenez dix minutes avec moi, vous allez voir ce qu'est ma vie. Je suis agressé dans la file de cinéma. Même dans un golf au Maroc. Je pue. Les gens se détournent. Je crois que j'ai pris perpét'. En même temps, c'est de ma faute. J'avais une gueule, une voix… C'est vrai que j'imprimais… » Il a prononcé toutes ces phrases en moins de vingt secondes. Sa bouche se tord dans un soupir.

Jérôme Cahuzac est l'ombre de ce qu'il a été. Mais il reste la fierté. « J'imprimais… », il a dit. « J'avais une gueule, une voix… », il a dit aussi. Et dans ces points de suspension on pouvait entendre teinter une sorte d'arrogance désespérée. Moi qui aime tant les oxymores et les chagrins, et plus encore les pestiférés, là, je restais étrangement à distance. Je ne savais que penser de lui. Les tragédies m'attendrissent, d'ordinaire. La sienne était belle. Le ministre déchu pour cause de délinquance fiscale était l'un des espoirs de la Hollandie ; tout souriait à ce bel esprit : la carrière, les femmes, le reste. Et patatras. L'histoire est connue. Et elle est romanesque. Mais voilà : quelque chose m'interdisait l'empathie. Ce n'était pas l'arrogance, je ne déteste pas l'arrogance, c'est une façon de tenir droit, surtout quand rien ne vous y pousse plus. Alors quoi ? Peut-être le timbre de sa voix, cassant, colère, on ne sait pas bien contre qui, on espère que c'est contre lui-même, mais impossible d'en être tout à fait sûre, et c'est gênant. Ce n'est pas une affaire de morale, c'est une affaire de musique. La musique du chagrin. Soit elle vous entraîne, soit vous butez sur une note, parfois sur plusieurs.

Au lieu d'être touchée comme je pensais l'être, je me suis sentie bombardée par les états d'âme de l'homme le plus détesté de France, ou qui se prend pour tel. Cahuzac a besoin de croire que, dans une catégorie au moins, fût-elle des réprouvés, il est encore numéro un.

« Je me lève le matin pour ne rien faire, le soir je me couche et je n'ai rien fait. Mes enfants veulent que je sourie et que je sois heureux, alors quand je suis avec eux, je souris. » Le boxeur ne boxe plus. « C'est stressant, de boxer. Et puis il faut des moyens. Vous savez, moi, j'ai tout perdu. » Je n'ai pas envie de parler d'argent avec lui. Pas envie de savoir qu'il a une retraite de 3 500 euros, que son ex-femme lui verse un loyer pour l'appartement dont ils sont copropriétaires – et qu'il voudrait vendre – et qu'il ne peut plus travailler nulle part. Il me le dit cependant.

Il a besoin de parler. De tout. D'Alain Juppé, « un homme bien » parce qu'il a eu l'élégance de ne pas l'accabler et qu'il l'a salué à la piscine de l'Interallié. De François Hollande : « Hollande, c'est cinq millimètres de formidable empathie, c'est pétillant, c'est plein d'humour, ça rebondit sans arrêt, en plus il rit vraiment. Et, en dessous, c'est de la glace bleue inentamable. Il est an-empathique. Il raisonne à quinze jours-trois semaines, pas davantage. Sa ligne d'horizon, c'est ça. On ne saura s'il est méprisable qu'à la fin. »

Si je ne l'avais pas arrêté, on aurait fait le tour de la classe politique. Parler d'eux, c'était en être encore. Encore un peu.

Les mots débordent. J'attends les larmes. Elles arriveront à un seul moment : quand il évoque ses « amis qui (l)'ont crucifié ». « Je ne comprends pas pourquoi », me répète-t-il. Dans sa bouche, il n'y a que des « ils ». « Quoi qu'ils pensent de moi, quoi qu'ils aient pu dire de moi, je les aurai toujours dans mon cœur. Je suis triste mais je ne veux leur faire aucun mal. » « Ils », « ils », « ils ». « Si Guy, Carcassonne, précise-t-il en voyant mes yeux interrogatifs, était resté vivant, ils n'auraient jamais osé me laisser tomber comme ils l'ont fait. Ils ont tous dit qu'ils ne savaient pas. Ben voyons ! » Pause. « Tous ceux qui m'ont aidé savaient. »

« C'étaient vraiment des amis ! Qu'est-ce qu'on a ri, ensemble ! » C'est là que les larmes sont venues, quand il a parlé de rire. « J'ai eu une belle vie. » Le passé décomposé est le temps des oraisons post mortem. « J'ai eu une belle vie », redit-il. L'œil rempli d'eau vous défie. Il ne supporte pas l'idée de provoquer de l'apitoiement. Et cependant il aimerait que je compatisse à ce qui lui a fait le plus mal : le fait que ses amis l'aient abandonné.

« J'étais d'accord pour dire qu'ils ne savaient rien. Mais je trouve qu'ils en ont fait un usage peu délicat. Il n'était pas indispensable qu'ils se présentent comme eux aussi victimes de Cahuzac. » Il répète encore : « Je ne comprends pas pourquoi ils ont fait ça. »

Il reconnaît toutefois les avoir mis en danger : « Je leur ai fait beaucoup de mal. » Puis tout de suite : « Je ne comprends pas pourquoi ils m'ont massacré. »

L'instant d'après : « Je voudrais qu'ils me pardonnent. » D'une contradiction l'autre. Cahuzac ne sait plus à quel pardon se vouer. L'instant d'après encore, il dit : « Je leur pardonne. » Mais que leur pardonne-t-il, au juste ? De ne pas lui avoir pardonné ? Et en même temps il leur en veut. Ceux qui l'ont aimé sont les seuls auxquels il en veut. S'ils l'aimaient encore, il serait sauvé. C'est pour ça qu'il ne parle que d'eux. En lui retirant leur amitié, ils l'ont condamné à être impardonnable. Le pardon est au cœur de son drame. « Je pense que je ne me le pardonnerai jamais. »

Rasé de près, costume-cravate impeccable, Rolex au poignet, le sexagénaire qui ne fait toujours pas son âge n'offrira pas sa douleur au public : « La dignité, c'est tout ce qu'il me reste. On m'a tout pris sauf ça. Je la garde. » Il a besoin de se sentir fort. En un sens il l'est. « Je prendrai tout sur moi. Je ne suis pas une balance. » Même brisé, il ne badine pas avec la virilité. « J'ai écrit deux textes, à l'été 2013. Le premier est insipide, "c'est dur, j'ai mal" ; le second est thermonucléaire. » Il ne publiera ni l'un ni l'autre, jamais, assure-t-il. « Ils sont dans deux clés USB à un endroit où personne ne les trouvera. » Soit. Mais pourquoi les avoir écrits ? Surtout : pourquoi avoir écrit le deuxième ? Pour laisser une trace ? Afin de posséder une arme de dissuasion, au cas où ?

Il faut savoir que Cahuzac se prend pour un... bouc émissaire. « Est-ce que vous avez lu René Girard ? Quand vous êtes un bouc émissaire, si vous n'acceptez pas, c'est pire. On en prend encore plus plein la gueule. Œdipe est le bouc émissaire accompli car il joint sa voix à celle de la foule qui l'accable. Job, lui, proteste. Et plus il proteste, plus il est accablé. J'ai protesté, ce fut pire que tout. Je n'ai pas de solution. Je suis Job. » Une invocation absolue, entêtante. En trois heures – le déjeuner s'est éternisé, « j'ai tout mon temps », il a dit tristement –, il en a parlé quinze fois, peut-être davantage. Ça l'obsède. Je crois qu'il n'imagine pas, sincèrement pas, que cette référence puisse paraître indécente. Aurait-il oublié que pour être un bouc émissaire, il faut être innocent de ce dont on est accusé ? Il ne se prétend pas innocent, mais il ne se sent pas coupable, pas vraiment.

Croit-il en Dieu ? « Malheureusement non ! » Silence. « J'ai vraiment adoré la vie. » Encore le passé décomposé. Il n'a pourtant pas renoncé au présent. Il suffit de le regarder manger. Il dévore. « Il me reste une épreuve : le procès, en février. Ce sera une boucherie. Ils ne vont pas juger les faits ; ils vont juger le symbole. Je pense qu'ils vont me foutre en taule. Vous croyez qu'un procureur spécial et une chambre spéciale ne vont pas faire quelque chose de spécial ? J'aurai de la prison ferme. Même si je devais faire de la prison, je tiendrais. Parce que j'ai décidé de tenir. » Le baroud d'honneur du déshonoré. Cahuzac montre les muscles – qu'il a gonflés d'orgueil. Je suis impressionnée et terrifiée, je cherche la douceur et ne la trouve pas, je lui propose un « thé bleu » – de l'intérêt qu'il y a à choisir des restaurants asiatiques, les libellés bizarres, ça peut sauver... Il accepte « parce que le nom est joli ». A cet instant, il a l'air perdu, et si triste, les muscles se sont dégonflés.

En sortant du restaurant, sur le trottoir, au moment de se quitter, il me chuchotera ces mots presque apeurés : « Ce que je voudrais, c'est éviter la prison. » Je ne sais pas quoi répondre, je l'entends encore me dire, quelques minutes plus tôt : « J'ai vraiment adoré la vie. » Depuis, cette phrase-là n'en finit pas de m'entêter. Je crois que c'est la première fois que je rencontre un fantôme.

Manuel Valls :

l'homme qui faisait tomber sa serviette

Jamais, jusqu'alors, je n'avais observé les mains de Manuel Valls. Je me contentais de le regarder au menton – qu'il a non seulement carré, mais séparé en deux par un sillon profond, à l'image de sa volonté, pensais-je. Pour moi, Valls, c'était ça : une volonté, une virilité, un courage physique qui ne se pose pas trop de questions et qui ne fait pas dans les sentiments. Ce jour-là, parce que je déjeunais à côté de lui, et pas en face – ça m'apprendra à considérer que les déjeuners avec une longue brochette de journalistes ne présentent pas d'intérêt... Si j'avais été seule, je n'aurais pas vu cela... –, j'ai découvert les mains

émotives du Premier ministre. Dévorées
par un entremêlement de veines et de nerfs
qui frappe par son relief. Les mains sont
courtes mais très fines, joliment dessinées.
Peu de chair, les filaments nerveux et vei-
neux ont visiblement pris le contrôle. Et, à
les voir se tendre et se détendre au rythme
des paroles du Premier ministre, je ne pouvais les soupçonner d'être aussi froids que
les nerfs de François Hollande – le président n'avait-il pas déclaré dans un éclat
de sincérité, le 28 mars 2013, devant David
Pujadas, sur France 2, avoir les « nerfs tout
à fait froids » ?

Valls, lui, avait les veines et les nerfs
trop saillants pour être un homme sachant
maîtriser ses émotions. Les plaques rouges
qui explosent régulièrement sur son visage
auraient dû me mettre sur la piste du
débordement. Mais non, je m'obstinais à
le voir comme un champion du contrôle
de soi. J'ai confondu le méthodisme décidé
avec l'autorégulation.

Il n'y a que des salopards d'extrême
droite pour avoir tenté de faire accroire,
après une séance de questions d'actua-
lité où Valls, qui répondait vertement à

Marion Maréchal-Le Pen, a dû tenir l'une de ses mains avec l'autre pour en contenir les tremblements, que l'homme serait malade. Ses mains disent un secret et un seul : son émotivité. Ses jambes aussi. Ce ne sont pas seulement ses pieds qui s'impatientent sous la chaise, ce sont les membres inférieurs tout entiers. Il est impossible à notre Premier ministre, de ce fait, de conserver sa serviette sur ses genoux le temps d'un repas. Encore une chose que je n'aurais jamais vue, si j'avais été en face de lui.

Pendant ce déjeuner d'avant vacances à Matignon, il a ramassé sept fois (!) sa serviette par terre. Sept tombés de serviette en une heure et demie. A chaque fois, il se penche sur le côté afin de récupérer le bout de tissu récalcitrant. On sent qu'il a l'habitude, ses gestes sont mécaniques. La septième fois, la serviette sauteuse atterrit sous la table devant lui, il est obligé de reculer sa chaise pour réussir à l'attraper. Mais comme c'est la fin du repas, ça ne fait pas trop désordre... Bientôt, il pourra poser la vilaine à côté de son assiette et du BlackBerry noir que dès son arrivée dans la salle à manger il a placé là, et auquel il jette des coups d'œil incessants.

Aujourd'hui, il n'y a plus guère que les maniaques des textos qui s'accrochent encore à leur BlackBerry et à son clavier physique. Il faut aimer écrire, et écrire long, pour résister au tout-iPhone. Il faut avoir besoin de toucher les lettres. Valls répond aux SMS tellement vite que ses invités ne sauraient y voir une marque d'incorrection.

A cet instant, je me rends compte que je n'écoute plus ce qu'il dit. Le message essentiel – celui qui justifie le déjeuner – a été délivré un peu plus tôt, quand il a posé sa serviette sur la table : « Je n'ai pas l'impression d'être étouffé, non, vraiment non... Je n'ai pas l'impression d'être un Premier ministre étouffé. Le quinquennat, le fonctionnement des institutions rendent compliqué le rôle du Premier ministre... Enfin ça pourrait le rendre compliqué, mais au fond pas tant que ça... » C'est pour nous faire entendre ce qu'il espérait être de l'assurance – entrecoupée de beaucoup de points de suspension... – qu'il a convié une douzaine de chroniqueurs politiques à Matignon, à la veille des départs en vacances, quelques heures avant le grand dîner de François Hollande avec quatre-vingts journalistes de l'association de la presse présidentielle. Une coïncidence parfaitement délibérée (côté Valls !) ; une façon – conviviale, au demeurant – de dire « moi aussi j'existe ». Juste avant le président.

Carré d'agneau chez le Premier ministre ; épaule d'agneau pour le chef de l'Etat. Ça, c'est une coïncidence. A part le parallélisme des menus, tout diffère. Il fallait voir la réaction de Hollande quand, en début de repas, les journalistes lui ont promis une « surprise » : « Je ne sais pas quelle sera la surprise, je ne sais même pas si vous pouvez en concevoir une qui serait pour moi vraiment surprenante. » Toujours cette impavidité. Ce sentiment de supériorité. Un peu plus tard dans la soirée : « Je pense, et je ne veux pas être immodeste, qu'il y a des moments où on est décisif pour son propre pays. » Moue satisfaite. La même que lorsqu'il a répondu à une question sur le « flou » de la réforme territoriale : « Les électeurs votent même quand ils ne comprennent pas. » Ce n'est pas très gentil, ça, monsieur le président. Lequel se

mord l'intérieur de la bouche. Il a ce tic.
Chez Hollande, tout se joue en dedans. Il
a des mains sur lesquelles rien n'apparaît,
sinon les traces de son embonpoint ; il n'a
pas une seule fois fait tomber sa serviette.
Lui, il se maîtrise. L'humour est sa colonne
vertébrale. La seule. Il en fait, on le sait,
un usage immodéré.

Valls s'y essaie, mais il y a encore du travail. Lorsqu'on lui a demandé quel jour il
avait prévu de venir à La Rochelle, fin août,
pour l'université d'été du Parti socialiste, il
a décoché à la cantonade un sourire malin :
« J'arriverai le samedi après-midi. Le soir,
j'irai en Falcon voir un match de foot... »
Un rire grinçant du chef du gouvernement
a ponctué cette allusion à son aller-retour
polémique à Berlin, le 6 juin, pour assister
à la finale de la coupe d'Europe. Autour de
la table, la plaisanterie n'a pas fait mouche.
Le Premier ministre serrait trop les dents.

Pour pratiquer l'humour noir avec succès, il faut rire vraiment.

Octobre 2015

François Fillon :

« *Sarkozy ne m'impressionne pas !* »

Il a les yeux plus gros que le ventre, Fillon. Ce soir-là, une amie de l'ancien Premier ministre lui organise un dîner dans sa cuisine afin de le rabibocher avec une poignée d'éditorialistes. Est-ce parce qu'il s'est enfin décidé à jouer le jeu de la séduction médiatique ? François Fillon est charmant, comme rarement. Des blagues sur la jalousie d'Alain Juppé à l'endroit de Philippe Séguin. Une mini-diatribe contre Hollande, qui est « pire que Sarkozy : en une semaine, il est allé au pied d'un glacier, puis il a fait une visite aux douanes et il a donné une interview au *Chasseur français...* On rêve ! Ce n'est même pas du niveau d'un Premier ministre ! » Une anecdote sur Jean-Pierre Elkabbach qui a manqué défaillir, le jour où Fillon a voulu lui « faire faire un tour de circuit » – automobile, bien sûr. La passion du Sarthois. « J'ai fait un métier qui m'a toujours empêché d'avoir une belle bagnole, alors que j'adore ça. En politique, on ne gagne pas assez d'argent et on n'a pas le droit de se montrer dans une voiture chère, surtout pas. »

La maîtresse de maison remplit son verre de bordeaux, à présent il parle de marques de voitures, s'éclaire. « Je me souviens d'Olivier Stirn qui avait une Jaguar qu'il garait dans le parking de l'Assemblée, et une femme au look impressionnant... » Il mime le tombé d'un manteau. Sourire-soupir. « J'aurais aimé avoir une belle bagnole. » Je n'ose pas lui demander s'il se fera ce plaisir, en cas de défaite à la primaire. Il m'a déjà dit, quelques mois plus tôt, qu'alors il arrêterait la politique : « Si ça ne marche pas, j'irai faire autre chose. Je ferai un métier, quelque chose dans le business, entre Tony Blair et Zapatero. Je les croise, honnêtement, c'est intéressant, ce qu'ils font. C'est pour ça que, depuis que j'ai quitté Matignon, j'ai une petite activité de conseil et de conférences. Pour montrer que je sais faire quelque chose au cas où les primaires se passent mal. Je ne suis pas hostile à l'idée d'améliorer mes conditions matérielles de vie. La course automobile, ce n'est pas gratuit ! » Un homme habité par la certitude d'avoir un destin présidentiel n'aurait jamais dit ça. Il ne se serait pas projeté aussi raisonnablement dans l'après. Pour gagner, il faut être incapable d'imaginer que l'on peut perdre. La foi en soi est autoréalisatrice. Le doute aussi. Fillon est-il assez fou de lui-même – parce qu'il faut l'être – pour avoir une vraie chance ? Et s'il n'avait de vraiment fous que ses sourcils ? Indomptés. Imposants. Et cependant trop ombrageux pour aller droit au but, non ?

Neuf mois après m'être posé ces folles questions, en le retrouvant dans cette cuisine, j'ai été frappée par sa tranquillité. Il ne semble plus endolori. Il ne se laisse plus crucifier par les frustrations et les ressentiments. Il va bien. Le succès de son livre *Faire*[1] n'y est pas pour rien. Une revanche

_____

1. *Faire*, Albin Michel, 2015.

contre les sondeurs, les journalistes qui l'avaient enterré, et même son éditeur qui, à la réception du manuscrit, était un peu déçu parce qu'il espérait que l'auteur « se déboutonnerait davantage ». Oh, bien sûr, l'ancien Premier ministre a écrit des choses désagréables sur Nicolas Sarkozy, il a parlé de son enfance, mais il n'a pas fendu l'armure, il ne la fendra jamais, ce n'est pas lui, et tant pis. C'est comme le titre du livre. Albin Michel voulait du vendeur ; Fillon a exigé du sobre. « Il a fallu se battre », raconte-t-il en dévorant de l'andouillette. « *Faire*, c'est austère, mais on n'a pas trouvé mieux. » Toujours il doute, il ne cherche même pas à le cacher.

Mais pour la première fois, il m'a paru être prêt à se mettre en danger. Je repensais à ce que m'avait dit Jean-Louis Debré quelques mois plus tôt : « Quand j'étais président de l'Assemblée nationale, on appelait Fillon "le ministre pipi", parce qu'à chaque fois qu'il y avait un débat difficile, il allait faire pipi. Fillon n'est pas quelqu'un de courageux. » Nicolas Sarkozy ne disait pas autre chose, et Jacques Chirac avant lui. Il était de bon ton de classer

Fillon dans la catégorie de ceux qui s'arrêtent en chemin.

Je serais moins catégorique. Il faut un certain courage, nourri par une maturité, pour faire ce à quoi il s'emploie ces temps-ci : résister ; travailler sur son programme, beaucoup, vraiment ; parier sur le fait que « Juppé, ça va se déliter » ; sillonner le pays « comme Chirac en 1994 » (dit-il). Il a du brillant dans les yeux, quand il parle de son tour de France, et ce n'est pas seulement l'effet du vin – même s'il a une bonne descente. « Comme dit Sarkozy, on va à fond, et puis on accélère. » Ah ! Est-il bien sage de citer son adversaire alors qu'il doit encore faire la preuve qu'il s'est libéré de celui par lequel il s'est laissé martyriser cinq ans durant ? Une autre fois pendant le dîner, il a repris, en s'acquittant des droits d'auteur – Fillon n'est pas un voleur de mots –, une expression de l'ancien président, je ne sais plus laquelle. « Nicolas a le sens des métaphores qui claquent », s'est-il justifié dans un petit sourire. Fillon n'a pas, lui, cet art de la formule orale qui marque les esprits. A la fin du dîner, on est reparti avec le sentiment d'avoir passé un

très bon moment, mais sans aucune phrase
forte en tête. A part peut-être celle-ci, dont
on espère qu'elle correspond vraiment à la
réalité : « Sarkozy ne m'impressionne pas ! »
Fillon a prononcé ce serment d'émancipa-
tion en faisant honneur au ragoût de veau
aux tomates, divin. Sans oublier les pâtes
fraîches. « Je reveux de tout, c'est déli-
cieux », il m'a dit, quand on lui a proposé
de le resservir.

Lorsqu'est arrivé le fromage, il n'avait
pas fini sa deuxième assiette, il n'avait plus
vraiment faim, et néanmoins envie de goû-
ter aux fromages de chèvre, ce qu'il a fait.
Il est gourmand, Fillon, et il ne dit pas non.

Au moment de débarrasser la table, son
assiette était la seule à être encore pleine.

Janvier 2016

Épilogue

Je n'aime que les secrets.

Alors que je mettais la dernière main à mon manuscrit, un doute m'a saisie. J'ai provoqué un dîner avec l'un de mes personnages afin de lui lire le chapitre que je lui avais consacré. C'est le seul pour lequel j'ai fait ça.

Chère liberté. D'écrire. Sur qui l'on veut. Ce que l'on veut – pourvu que ce soit vrai et honnête, et que ça ne porte pas atteinte à la dignité. Ces trois conditions, essentielles, constituent la règle que je me suis fixée, quand j'ai commencé ce « joli métier », ainsi que l'a fort sarcastiquement qualifié Nicolas Sarkozy le jour – 26 mai 2005 – où il a, sur France 3, répondu aux rumeurs de départ de Cécilia. « Allez, faites votre joli métier », a-t-il apostrophé avec dédain le journaliste qui s'apprêtait à l'interroger sur les conséquences politiques de l'exhibition des tumultes de sa vie privée.

Mon « métier » est impossible, mais c'est un « joli métier », assurément. Un métier de chair, de sang, de sentiments et de pâte à modeler, la pâte humaine. Un métier où ce qui compte, c'est moins de savoir qui vous tutoyez ou qui sont vos amis et ennemis, mais comment vous écrivez – or comme il est dur d'écrire « juste » lorsque votre sujet vous inspire de l'affection ou de la mésestime.

Parce qu'elle m'oblige à (re)mettre à distance mes personnages, à aimer moins ceux que j'aime, à trouver de l'intérêt à ceux qui m'indiffèrent ou me déplaisent, l'écriture me protège. Mon stylo est mon garde-fou. Mais il peut blesser. Etre un stylet planté dans la chair de mon sujet.

Le chapitre dont je n'étais plus vraiment sûre, je l'avais écrit d'une traite. Pour me libérer, pensais-je.

Mon sujet m'avait ligotée avec un secret.

Je l'avais croisé quelques fois, mais je le connaissais mal ; j'avais voulu le voir pour parler d'un autre. Il avait dit oui, puis non, puis oui et, le jour venu, le déjeuner n'était pas terminé que déjà il m'avait livré un secret... sur lui !

Un vrai secret.

Vital.

Je n'avais rien demandé, pourtant. Il m'avait fait le cadeau de sa confiance comme ça. C'est ce que je me suis dit, tandis qu'il se dévoilait. Sa voix n'avait plus les accents enveloppants dont il la teinte ordinairement. Il y eut même quelques intonations brisées. « Je ne sais pas pourquoi je vous raconte ça », il a dit.

J'étais bouleversée. J'aurais voulu lui donner moi aussi quelque chose, mais je ne pouvais pas lui offrir un secret équivalent, je n'en ai pas. En aurais-je possédé un que je ne sais si je l'aurais partagé avec ce presque inconnu ; je ne l'exclus pas, la vérité est contagieuse, mais je ne suis sûre de rien. Je suis heureuse de n'avoir rien eu de semblable à lui confier.

Quand j'ai quitté le restaurant, j'étais incapable de me souvenir de ce que j'avais eu dans mes assiettes. J'ai pensé que mon convive avait de l'intuition, beaucoup, pour avoir pressenti ce que je ne disais à personne : seule la sincérité m'attache. La douleur m'emprisonne.

L'avait-il fait exprès ? Etait-ce une stratégie ?

A moins qu'il ne possédât cet instinct de survie et de manipulation – les deux vont souvent ensemble – qui vous permet de désarmer vos interlocuteurs.

« Maintenant, vous ne pourrez plus écrire sur moi », m'avait-il déclaré.

Il me contraignait à la complicité.

Me liait.

Les grands secrets se doivent d'être gardés pour toujours. Jamais ils ne sortent de mes chers carnets. Ceux que, depuis quinze ans, je numérote et range dans une armoire berbère. Les petits secrets, eux, méritent d'être relatés. Sans quoi la vie publique serait réduite au « story telling » concocté par les communicants. Il y manquerait le clair-obscur. Les scènes de roman vrai, trop vrai, celles dont Barthes dirait, s'il les lisait dans une œuvre de fiction, qu'elles posent un problème d'« effet de réel », parce qu'elles ne paraissent pas vraisemblables.

Halte là. Pourquoi invoquer Barthes dans mes affaires ? L'auteur des *Mythologies* est un paravent pour reléguer l'émotion en deuxième rideau.

Car mon seul vrai sujet d'écriture, c'est l'émotion.

Je chéris ces moments, rares, où leurs masques se fêlent. Ai-je bien vu ? Ai-je bien entendu ce que je viens d'entendre ? Cela suppose un partage. Une mise en danger, d'un côté comme de l'autre. Du mien : le danger d'être bousculée, émue. J'en tire du plaisir, des rires fous et moins fous, des migraines, des chagrins.

Je fais ce métier pour ça. Pour ces ins-tants de grâce, troublants, très. Pour être le témoin, voire la complice, d'un jaillisse-ment de vérité.

Il m'incombe de départager les grands des petits secrets. C'est ma responsabilité. Mon tourment, parfois. Il m'est arrivé de me tromper. Dans le livre dont elle était l'héroïne, j'ai écrit que Cécilia ex-Sarkozy (à l'époque elle n'était pas encore Cécilia Attias) m'avait confié : « Nicolas n'aime

personne, même pas ses enfants[1]. » Les
quatre derniers mots étaient en trop. Elle
les avait prononcés, bien entendu, mais je
n'aurais pas dû les retranscrire, ils étaient
inutilement blessants, surtout pour des
êtres qui n'étaient pas encore en âge de
choisir de devenir ou non des personnalités
publiques. Qu'ils me pardonnent ce péché
de jeunesse.

J'ai retenu la leçon.

Là, avec l'homme au grand secret, j'ai
tenté d'écrire sans rien trahir. Tout juste
ai-je mentionné un « chagrin ». Une incise
de cinq mots, dont pas un ne dévoilait le
secret. Le lecteur aurait compris que, si ce
monsieur souriait tant en plissant les yeux,
c'était pour en alléger la tristesse. C'était lui,
ça : la tristesse qui, plissée, s'allège. Je ne
pouvais pas écrire sur lui sans suggérer qu'il
avait le cœur fêlé. Sans quoi j'aurais menti
sciemment, j'en aurais fait ce qu'il espérait
être devenu – et qu'il était dans tous les
portraits : un redoutable caïman très sympathique aimant la bouffe, l'influence, le bron-
zage, les zones grises, le vin, et le reste aussi.

---

1. *Cécilia, op. cit.*

Que devais-je faire ?

« Vous ne pouvez pas évoquer le drame de ma vie. Même de façon aussi furtive et aussi allusive », il m'a dit. Je ne sais pas à quoi ressemblait son visage, à cet instant. Je gardais les yeux braqués sur l'écran de mon ordinateur.

J'avais lu tellement vite que j'étais à bout de souffle, le Mac que j'avais posé devant moi sur la table du restaurant faisait écran, et tant mieux, et néanmoins il me fallut lever les yeux de mon texte. Les siens se sont plissés – toujours il sourira, pour ne pas pleurer.

Il a frémi.

Je ne décrirai pas ses mains, son corps restera dans l'ombre de ce livre, c'est juste un très léger tremblement.

Il n'a rien dit d'autre.

Il est des secrets qui, quand ils ne tuent pas, rendent absolument forts. Ce mort-vivant « joyeux » – son adjectif fétiche – était intouchable.

Il ne s'est pas emporté ; il ne s'est pas répété. Soit il jouait magnifiquement la comédie, soit il n'avait pas l'once d'une crainte que je passe outre sa réaction.

L'alternative qui s'imposait était odieuse : mentir au lecteur en prétendant parler vrai d'un homme sans rien dire de ce drame qui changeait tout ; ou bien trahir ce dernier en effleurant son grand secret.

En rentrant, j'ai effacé le chapitre. Puis j'ai continué.

Table

Automne 2001 – Alain Juppé :
« *Je ne m'aime pas à poil* » 9

Décembre 2001 – Isabelle Balkany :
« *Sèche ces larmes, gamine !* » 17

Juillet 2002 – Cécilia Sarkozy :
« *Pas un mot sur Jacques Martin !* » 23

Décembre 2004 – « *Bonjour,
c'est Patrick Modiano...* » 33

Août 2007 – Jean-Louis Borloo :
« *Pas question que vous fassiez cet article.
Je vais appeler votre patron !* » 41

Décembre 2007 – Xavier Bertrand
à Nathalie Kosciusko-Morizet :
« *Je suis un plouc, moi* » 47

Mars 2008 – Patrick Buisson :
« *Sarkozy, petit Juif...* » 53

Septembre 2009 – Dominique
de Villepin :
« *Si je bande derrière un pupitre ?* »........   65

Mai 2011 – Laurent Wauquiez :
« *Dire que Sarkozy me prend
pour un centriste !* »...............................   71

Novembre 2011 – Patrick Bruel :
« *Je demande pardon à la tasse...* »   79

Février 2012 – Laurent Fabius :
« *Je ne parle pas de Carla. Jamais* »........   85

Printemps 2012 – Michèle Alliot-Marie :
« *Faire un meeting,
c'est comme un orgasme* »   91

Décembre 2012 – Arnaud Montebourg :
« *Rendez-vous au Train Bleu !* ».............   95

Février 2013 – Peillon s'en fout   103

Août 2013 – Les silences de Johnny,
les mots de Laeticia............................   113

Août 2013 – Aquilino Morelle :
« *Je suis une boussole.
Je montre la gauche* »............................   119

Septembre 2013 – Bernard Tapie :
Plus fleur bleue tu meurs !.................   127

Novembre 2013 – Le Mur des
lamentations de Pierre Moscovici.......   131

Décembre 2013 – François Bayrou
à François Hollande :
« *Je n'ai que trois mots à te dire :
"Tu es mort"* » 139

Janvier 2014 – Alain Finkielkraut :
L'émotion est un bouledogue.
Ou bien un éléphant 143

Octobre 2014 – Julien Dray :
« *Je suis quoi pour Hollande ?* » 153

Novembre 2014 – Quand Sarkozy
donne une leçon à Juppé... 159

Décembre 2014 – Jean-Louis Debré :
« *J'ai honte honte honte !* » 167

Février 2015 –
« Sous les cerisiers » avec DSK ! 173

Mars 2015 – Jérôme Cahuzac :
« *J'ai vraiment adoré la vie* » 181

Juillet 2015 – Manuel Valls : l'homme
qui faisait tomber sa serviette 191

Octobre 2015 – François Fillon :
« *Sarkozy ne m'impressionne pas !* » 197

Janvier 2016 – Épilogue 203

Cet ouvrage a été imprimé par
CPI
pour le compte des Éditions Grasset
en mars 2016

Mise en pages PCA
44400 Rezé

Grasset s'engage pour
l'environnement en réduisant
l'empreinte carbone de ses livres.
Celle de cet exemplaire est de :
600 g Éq. CO$_2$
Rendez-vous sur
PAPIER À BASE DE   www.grasset-durable.fr
FIBRES CERTIFIÉES

Dépot légal : avril 2016
N° d'édition : 19357 – N° d'impression : 3016939
Imprimé en France